爱的修行：从改变伴侣到改变自己

[墨西哥] 苏珊·佩奇（Susan Page） 著
刘秀易 译

江苏凤凰科学技术出版社 · 南京

江苏省版权局著作权合同登记 图字：10-2022-454 号

图书在版编目（CIP）数据

爱的修行：从改变伴侣到改变自己 /（墨）苏珊·佩奇著；刘秀易译 . — 南京：江苏凤凰科学技术出版社，2023.1

ISBN 978-7-5713-3145-0

Ⅰ . ①爱… Ⅱ . ①苏… ②刘… Ⅲ . ①恋爱心理学－通俗读物 Ⅳ . ① C913.1-49

中国版本图书馆 CIP 数据核字 (2022) 第 150577 号

爱的修行：从改变伴侣到改变自己

著　　者	[墨西哥] 苏珊·佩奇（Susan Page）
译　　者	刘秀易
责任编辑	汪玲娟
责任校对	仲　敏
责任监制	刘文洋
出版发行	江苏凤凰科学技术出版社
出版社地址	南京市湖南路 1 号 A 楼，邮编：210009
出版社网址	http://www.pspress.cn
印　　刷	南京海兴印务有限公司
开　　本	718 mm × 1 000 mm 1/32
印　　张	8.5
字　　数	300 000
版　　次	2023 年 1 月第 1 版
印　　次	2023 年 1 月第 1 次印刷
标准书号	ISBN 978-7-5713-3145-0
定　　价	52.00 元

图书如有印装质量问题，可随时向我社印务部调换。

目录

引 言

婚姻是一场自我的修行

思维上的细微变化对生活的影响，要大于努力改变所带来的影响。

——托马斯·穆尔

欢迎来到探索之旅！无论你结婚与否，这些爱的行动，对你都有用。最重要的是，八种爱的行动将改善你们的关系、提高你们的精神生活质量。

- 如果你们是一对幸福且和睦的夫妻，本书将为你们提供全新的“语言”，来阐释、启发彼此相爱的方式，同时还提供一些更为有效的新观点。
- 如果你们之间存在问题，即使单方或双方正在考虑结束关系，你也可以在本书中得到一些启发，这些启发或许会迅速、永久性地改变你们彼此的关系。
- 如果你是单身，这八种爱的行动可以帮助你面对一段新关系，以及面对人生中各种不同的关系类型（例如家庭、朋友和工作）。

第一章概述了精神伴侣关系，与传统的婚姻观念相比，主要有两个方面的不同。首先，精神伴侣关系是以爱的行动而不是沟通的方式作为解决矛盾、增进爱的主要工具；其次，精神伴侣关系会将你的注意力从改变伴侣或改善你们的关系（这二者你几乎无法控制），变为改变你自己（对此你拥有完全的掌控力）。

接下来的八章内容，分别介绍这八种爱的行动，即八种管理关系的新方法。其中有些观点能让你摆脱传统观念，即只有解决了关系中存在的问题才会快乐。八种爱的行动可以帮助你直接获得更多快乐和幸福，并学会控制负面情绪，还能为你提供平衡人际关系的方法，而这些远超你的想象。即使所有问题都没有解决，它们也会给你力量，使你的各种关系变得和谐且充满爱。这八章还为你提供了明确的方式，让你能更好地接纳和体谅伴侣，从而也使得伴侣以相同的态度对待你。而且，掌握这些方式，并不需要再去学习新的沟通技巧。

本书的第二部分为你提供了一个可选的“项目”，为的是将爱的行动付诸实践，同时还包括一些常见问题的回答和实用策略。本书的第三部分则对“精神”一词做了深入的界定，阐述了精神伴侣关系的起源及历史。

请采用本书中的“实验”

在本书中，我将提供可选的“实验”。如果仅是为了理解和应用精神伴侣关系，自然没有必要做这些。这些实验为你提供了检验你所学知识的机会，如果用其处理与伴侣、朋友的关系，那这些实验将非常有用。通常，它们是对前面材料的一种总结。

如果你选择本书作为自助式研讨会资料的话，这些实验将为你提供一个结构化、系统化的练习过程，并将书中所有材料融入你的生活。

我建议你用日记本记录下来，这样就可以把所有实验放在一起。无论何时进行实验，都请注明日期。实验的部分意义就在于你可以在几个月后重复实验，并将结果与之前的作比较。实际上，不仅要记下每个实验的日期，还要记录下你当时的生活状况。

我有意使用“实验”一词，是因为我从未根据任何设想的练习得出特定结果。这与我的人生哲学观是一致的，即如果把你所做的每件事都当作一个实验，那你永远不会失败，因为你唯一的目标就是收集数据，学习新东西。无论实验结果如何，即使是自己不想或不能做的，你都能了解到一些关于自己的趣事。本书的唯一要求是先实验，然后简要回顾你从中学到的东西。人不仅可以通过尝试新事物来学习，也可以通过回顾自己所做的事情和所收获的东西来学习和反思。如果没有反思，任何学习效果都会大打折扣，甚至变得毫无意义。

如实描述现状

在开始之前，我希望你在日记中先对你的状况进行总体评估。如果你计划跟随我们做实验的话，就要先做这件事，因为之后的实验都基于此。

实验 1　对关系进行评估

1. 在日记的第一页，补充完整下面一段话：如果给这段关系打 1~10 分的话，此时此刻，我为我的关系打 ______ 分，这是因为

________。

（记住：记下日期，记录下你现在的生活。）

2. 在日记本中间画一条横线。在线的上方列出：与伴侣相处愉快的原因，这段关系的优势；你所喜欢的伴侣的优点；这段关系中你所喜爱的特质以及进展顺利的事情，即让你开心的事情。

在横线的下方列出困难、关系中无趣的方面、问题、挑战、矛盾以及可以改善的地方。简而言之，就是导致分歧或不愉快的事情。

横线的上面花了多少时间？横线的下面花了多少时间？在横线右边的上方和下方写下相应的百分比。

请认真对待这些列表，因为稍后我们将会在本书中用到它们。

不用担心你对这段关系所打的分数。

如果你对伴侣以及这段关系全情投入，并且完全致力于将这段关系发展到极致的话，作为精神伴侣关系核心的八种爱的行动将会很有用。你对伴侣的忠诚会使爱的行动发挥更大的作用。

如果你对这段关系感到很矛盾，而且不确定自己对这段关系的承诺，那么用爱的行动来验证这段关系会是一种好方法，它可以让你更了解自己和伴侣，更了解你们相处的状态。观察当你采取爱的行动时所发生的事，这将有助于你决定是继续这段关系还是放手。我接触过的夫妻，通过爱的行动都提升了关系分数。即使在实验之前他们的关系分数已经达到了10分，他们的关系也可以变得更好。如果你真诚地采取这些行动，而分数却下降了，这很可能意味着你没有和真正的精神伴侣在一起。这些信息很有用。

我对你的祝福

正如我在第十五章中进一步阐释的那样，多年来，在与世界各地的夫妻一起参与研讨会和培训的过程中，我提出并完善了这八种爱的行动。我见证了夫妻们的变化，其中有很细微的变化，也有近乎神奇的大转变。唯一觉得可惜的是，在你阅读本书时，我不能在你身边直接听你讲述尝试某个爱的行动时所发生的事情；也不能在你遇到挫折时鼓励你；更不能在你做出有意义的改变时，同你一起庆祝。

记住，爱的行动不需要你额外花时间。它们只是为你提供做事情的全新方式。最重要的是，这些行动不需要相互配合，甚至不需要伴侣参与！但它们确实需要承诺和专注。你只要记得我的心与你同在，我为你的每一次进步欢呼喝彩。

我向你致以最美好的祝愿！希望你阅读本书时就像我创作本书时那般兴奋，也希望本书能在你的日常快乐、激情、奉献以及爱的感觉中创造可喜的变化。

第一部分／八种爱的行动：亲密关系的新境界

第一章

什么是精神伴侣

精神伴侣是一种新型夫妻模式，是对爱情关系的目的及其运作方式的全新理解。“精神”不同于“宗教”。精神伴侣仅仅意味着伴侣双方在“精神”价值观上的一致，正如我们下面定义的那样。

精神伴侣关系扩大了你们作为夫妻所经历事物的可能性。无论之前的关系如何，许多夫妻表示，一旦开始一段精神伴侣关系之后，他们的关系都会变得更加轻松、自由和富有激情，夫妻间的矛盾也变少了。最重要的是，他们感觉内在力量增强了，人也变得更加平和、幸福。

例如，简对她的丈夫特里感到非常生气，因为每当谈到钱时，他都表现得很谨慎。简每次花钱买东西，即使是必需品，他都要抱怨。对此，简尝试了一切能想到的沟通方式。她表达过自己的挫败感，建议过达成妥协，下达过最后通牒，也曾试图了解特里之所以焦虑的原因。但他们之间的战火还是升级了，家庭关系也更紧张了。

学习精神伴侣关系的原则之后，简开始采取爱的行动。她不再试图解决问题，而是直接营造愉快的家庭氛围。她找到了既能满足家庭需求又不会让特里感到烦恼的方式。同时也知道了如何向特里传达自己能理解他的焦虑，而不是徒劳地试图改变这一焦虑。

在做出改变的这一周里，简感觉像是重新找回了对自己人生的掌控感，也体会到了多年没有过的力量感。家里的氛围变了，两人之间的紧张局势也消失了。虽然特里还是很焦虑，还是把钱管得很严，但是简已经知道如何应对而非抵抗他的这些特点了。

简所做的这些改变，我们会在本书中详细学到。首先，本章将为精神伴侣关系中的爱的行动奠定基础，我们将了解：

- 精神伴侣关系的历史背景是什么？
- 我们说的“精神力”是什么意思？
- 为何沟通在很多夫妻身上都失败了？
- “爱的行动”具体是指什么？
- 精神伴侣关系中使改变发生的新方式是什么？
- 如何让亲密关系变成一种精神实践？

为何仅靠沟通是不够的

长期以来，我们只依赖一种方式来解决矛盾、加深彼此的爱，那就是沟通。几乎所有的婚姻咨询和婚姻教导都只侧重于改善沟通。我们学习倾听，学习情感表达，学习谈判妥协，学习解决矛盾。

有些沟通技巧，例如“我”的陈述、“积极倾听”以及注意男女对话方式的差异，确实有利于改善夫妻关系。然而对两个相爱的人来说，深入开放的交流才是目的，而沟通这一方式却受限于此。掌握沟通技巧并不容易，大多数人用起来也不自然。另外，沟通往往无法解决反复出现的问题，甚至可能引发新问题。沟通需要彼此协作，因而可能会忽略伴侣可以独自进行的一系列活动。

不仅靠沟通，精神伴侣关系更侧重于一系列我们可以自己完成的事情。我将其称之为“爱的行动”，并且这些行动对那些多年来甚至一直以来都在努力沟通的夫妻们产生了巨大影响。相比于只是简单的交流，这些基于精神层面的爱的行动，赋予关系中每个人更多的力量感和掌控感，同时增强伴侣的精神素养，让夫妻关系成为温暖的、让人依赖的“心灵港湾”。

现代伴侣关系的三个历史阶段

如果将现代伴侣关系划分为三个历史阶段，第一阶段是典型的“女主内，男主外”模式，那么第二阶段就是我们反抗这种模式的缺陷的时期。在第二阶段，我们努力实现夫妻间的平等，丰富夫妻间可接受的生活方式。

在过去，我们十分关注夫妻关系的平等和更有效的沟通以及化解矛盾的技巧。虽然并非每个人的婚姻都实现了这些目标，但人们普遍接受并遵循着这种平等的夫妻关系模式。

现在，我们已准备好进入第三阶段，在这一阶段我们将融合并超越第二阶段所实现的平等关系。第三阶段的重点是爱和精神深度。

我丈夫教陶艺时，常常在黑板上先画一个类似于沙漏的图形，他会说沙漏的下半部分代表基础知识学习。为了掌握设计、拉坯、施釉和焙烧的能力，必须要认真遵守所有规则。之后，他又指着沙漏的中心说："这代表着平凡的极限。"此时做出的陶罐虽让人满意，但却缺乏想象力、个性和魔力，如此便没能超越平凡。只有当你掌握了基本技巧并达到"平凡的极限"后，才能获得突破并超越平凡，从而展示你真正的个人创造力。

在短暂的伴侣关系史中，我们如今就徘徊在沙漏的中心，即"平等、公平、开放且有良好冲突解决技巧的关系"的顶峰。当然，这些价值观固然很重要，但如果就保持这样的状态，夫妻关系就被局限在"普通"的范围内了。既然人类已经努力进入精神意识上升的时代，自然就会明白爱不局限于激情和良好的沟通，它还可以包括精神层面的东西。

本书将深入探讨这一精神层面。正因为如此，我才决定把第三阶段的夫妻称为"精神伴侣"。

与我们多年来所重视的平等夫妻关系相比，精神伴侣关系包含的内容更广泛也更深入。不仅如此，从性质上来看，精神伴侣关系与此前也不一样。在本书中，你将会了解到一些解决分歧的方法和技巧，我猜你很可能从未尝试过。例如，你不用坐下来和伴侣把事情说开。相反，本书的重点将放在爱的意义以及将爱付诸行动的具体方式上。爱你自己，也爱伴侣。

何为“精神力”

精神力是一个使用广泛的术语，我们隐约知道它是什么意思。但我还是需要对此进行准确说明，因为我对“精神力”一词的理解是本书中所有内容的基础。

在第十四章中，关于“精神力”一词，我给出了全面而详细的定义，所以在这里只做出简短的定义。通过这个定义，我们可以了解精神伴侣关系是什么以及它是如何改变夫妻关系的。如果你觉得有必要看一下“精神力”的完整定义的话，可以参见第十四章。

首先，我认为精神力是生活中自然而普遍存在的元素，我们可以选择接近或忽略这一元素，因而我们会注重精神力或不注重精神力，又或者缺乏精神力。也可以这样说，人由身、心、灵构成，每个人都具备精神层面的潜力，并且不可能“没有精神力”。我用“精神力”一词来表示“与真实自我一致”或“选择精神价值”的含义。例如，在处理夫妻关系时，你可以选择精神伴侣关系的方式，或者非精神伴侣关系的方式。所以，精神力并非夫妻关系中自带的部分，而是一种承诺，一种意志行为。

实验 2　你是一个具有精神力的人吗

在进一步阅读之前，花几分钟来自己定义一下“精神力”。请在日记中或者和朋友交谈时，回答以下问题：

1. 对你来说，“精神力”一词是什么意思？
2. 你认为自己是一个具有精神力的人吗？为什么？

我认为，所谓“精神力”就是承认你与世界万事万物的联系，并且时刻在思想和行动上，为加强而非减弱这种联系而努力。精神之旅是个人之旅：

- 从孤立到相互联系：我们彼此之间不是分离的，相反地，我们和世界及世界上的一切都相互联系。任何推动你和他人建立联系的事物都是精神上的；相反，任何将你推向分离或孤立的事物都不是精神上的。
- 从受限人格到真实自我：每个人都有多重信念和行为，来掩盖纯粹、真实的自我。“精神力”意味着走向真实，走进真实的自我。
- 从恐惧到爱：爱是一种柔软而强大的力量，常常被各种形式的恐惧击败。精神上，我们要辨别恐惧是如何阻碍我们前进的，进而战胜它，这样爱才可以自由地穿行于我们的生活之中。
- 从沉睡到清醒：由于意识受到禁锢，我们常常画地为牢。“精神力”就是对自己的盲区及错误认知保持好奇，同时以开放的心态对待新意识。

- 从控制到顺应：既然无法控制世界，那就敞开胸怀接受世界所给予的一切吧。
- 从烦躁不安到内心平静：当我们联系更紧密，变得更真实、更有爱、更清醒、更具包容力时，人的内心力量就会变强，我们也会更快乐。

如果做一个具有精神力的人意味着增进联系，变得真实、有爱、清醒、具有包容力且内心平和，那么“精神实践”，例如在关系中，就是推动你成为这样一个人的具体行为。换句话说，精神力会使你与真实自我越来越趋近一致。

精神伴侣关系有何不同

在深入探讨精神伴侣关系的核心——八种爱的行动前，我们先看看精神伴侣关系与第二阶段关系的两个基本区别。

在精神伴侣关系中：

1. 用爱的行动取代沟通成为解决问题和改善关系的主要方式。
2. 我们的焦点由关注伴侣和关系转移到自己的精神之旅上来。

现在让我们详细探讨这两大区别吧。

区别一：用爱的行动取代沟通

第二阶段关系依赖于一个基本准则，即那些我们在市场环境下使用的技能（例如谈判协商、讨价还价和达成协议）将会在恋爱关系中发挥作用。但精神伴侣不会如此。市场环境下我们的目的是赢得胜利，获得优势。但精神伴侣阶段，爱的目的是爱本身。二者有着天壤之别。

第二阶段关系在很大程度上依赖于精心制订的规则，据此来分享情感、谈判协商甚至是“公平决斗”。出现矛盾时，你能做什么？找时间坐下来讨论、争辩、谈判。还有什么呢？当你想更亲近些时，你会坦诚地和伴侣沟通，告诉伴侣你需要什么才能有被爱的感觉，倾听伴侣最深切的感受。

当然，我并不反对沟通技巧！那些了解并运用沟通技巧的夫妻可能比不这样做的夫妻的关系要更好。知道伴侣体谅自己并接受自己的痛苦、快乐以及敏感脆弱，会让人觉得很感动、很亲密。利用良好的沟通技巧解决矛盾是一件快乐的事。但是沟通技巧也会引发一些问题，因为它们具有局限性，依靠这一方式可能会限制夫妻关系的潜力。爱的行动则会为你打开一个新世界。

沟通的局限

沟通技巧在以下四个方面可能存在问题，或者会限制关系的发展，这也就是我们不应该只依赖沟通的原因。

1. 伴侣可能没空或不愿意，甚至不会沟通。如果只依赖于沟通，没有其他方式，那么当伴侣不说也不愿听时，你可能就没办法继续下去了，甚至感到极度沮丧，无路可寻。

2. 在许多夫妻中，一方比另一方更善于沟通。因此，在沟通中，你所依赖的这一技巧可能会在一开始就让双方处于不平等地位，一方凭借沟通技巧自动处于优势，从而使另一方感觉挫败。因而，只靠沟通解决不了问题，只会使问题更严重。

3. 沟通技巧是一项高水平、难掌握的技能，大多数人还没掌握。有效的沟通，对大多数人来说不是自然而然的事情。而且，我们生来就有使用糟糕沟通技巧的倾向，例如：

- 在受到攻击时，就会自然反击。
- 有人哭泣或抱怨时，立即提供解决方案。
- 出现问题时，责怪他人，而非反省自己。
- 面对感情，只会掩饰而非坦诚面对。
- 间接索取想要的东西。
- 常常否定而非肯定他人。

这些极其无效的沟通模式无处不在，然而，大部分人没机会放弃或者也不愿意抛弃这些技巧或代之以更有效的技巧。

沟通效果很糟时，会加剧原有的问题，造成比先前更多的困惑、挫败和愤怒。无效沟通不是在解决问题，而是在制造问题！

4. 沟通最大的问题是它常常隐匿问题。当两个人坐下来就某个问题进行沟通时，他们真正的目的是让对方以自己的方式看待问题，并做出改变。

迄今为止，解决伴侣问题最常见的方法是让伴侣做出改变。然而，这却是最糟糕的方法！既无效也不属于“精神”层面，因为这种方式几乎不起作用，也不尊重伴侣。但是，正如我们即将看到的那样，爱的行动既有效又尊重伴侣。

正如我们之前所说的，对于彼此相爱且在精神上以成熟方式对待对方的两个人来说，良性沟通既是有价值的方式，也是极具乐趣的方式。第二阶段关系和精神伴侣关系的主要区别在于：在精神伴侣关系中，良性沟通是努力追求的目标，而非实现目标的手段。当伴侣通过爱的行动成为精神伴侣时，良性沟通是自然而然的事情。正如在第十二章中详细探讨的那样，良性沟通是高度发展、日渐亲密的关系的自然结果。

爱的行动

如果要用一种新方法取代旧的沟通技巧，那就先来深入了解一下这种方法吧。什么是爱的行动？

爱的行动是一种刻意的行为，具有以下四个特征：

- 渴望精神成长是其动力。
- 单方面的行动。
- 需要自律和意志力。
- 具有实验性。

值得庆幸的是，采取爱的行动不用改变你自身的感受。因为你并不能控制自己的感受和情绪。作为精神伴侣，你所要做的就是决定尝试一个实验，去尝试一种新的行动或行为，即使你并不喜欢。期待自己的感受会变或认为伴侣的行为方式会变，这些都只会让你陷入更加不愉快的感受中。但是，把改变行为当作一种实验，即使你不喜欢，你的感受也势必会发生改变。换句话说，人无法靠感觉采取新行动，但可以用行动获得新感受。

通过以下案例，我们可以很好地理解爱的行动的四个特征。

莱尔竭尽全力为妻子温迪准备一个惊喜。她的老朋友德布要过来。莱尔安排温迪傍晚 6 点在一家餐馆见面，那时德布也会在那儿。

傍晚 5 点 45 分时，温迪给莱尔打电话说她可能没办法去餐馆了。

温迪常常会突然加班到很晚，这都快成惯例了，两人为此吵过很多次了。过去，莱尔常常一本正经地告诉温迪她是多么不体贴，并且让她不要再这样了。莱尔也一直想办法让妻子明白她很自私，他也有正当的需求；但结果却更失望，他觉得自己没有办法去改变温迪了。

温迪则厌恶莱尔家长式的作风，觉得自己不被理解和支持。对这些工作上的突发事件她无能为力，而工作对于她来说很重要，因为家里的大部分收入都是她挣来的，她需要放松一下。

这次，莱尔参加了一个精神伴侣关系小组，他决定尝试爱的行动之“假装”（act as if）——第四章将会详细介绍相关内容。莱尔很不高兴，但他故意表现出很有爱、很体谅的样子，就当作一次实验。他装作饶有兴趣的样子，询问温迪工作上发生了什么事。在温迪说工作的时候，莱尔趁机整理了下思绪，意识到如果他和德布能等温迪回家的话，说不定还会有更大的惊喜。最后，莱尔祝愿温迪的项目一切顺利，和她约好了晚点儿见，还说了“我爱你”。

莱尔和德布度过了一段愉快的时光，彼此加深了了解。后来在家里，这个惊喜让他们三个人都开心不已。

那么，让我们来看看莱尔的行为在哪些方面体现了“爱的行动”呢？

第一，莱尔的行动是出于精神成长的渴望。莱尔从冥想练习、净化心灵的音频、书籍和演讲者那里懂得了，只有精神之旅才能让人的心灵回归平静，才能让人做出真正的选择，而不是任由习惯做决定。

莱尔的脑海中有个声音说道：“重要的不是发生在你身上的事，而是要看你要如何处理发生在你身上的事。”如果是一个具有精神力的人面对温迪，应该不会感觉挫败，或愤怒、无助和失控。莱尔想成为精神上更强大、更有爱和更包容的人，也想做一些让自己和温迪的关系更亲密，而不是疏离的事。他意识到，即使他没有这种感觉，他也可以选择这样做。

第二，莱尔的行动是单方面的。他没有告诉温迪他的决定，也没有要求她来配合，不用担心自己的行为是否“公平”。通过思考“不管谁对谁错，我能做什么来改善我们的关系呢？”这一问题，他已经完全摆脱了争论两个人谁对谁错的禁锢。

单方面行动的困难在于，所有艰难的工作都得你一个人完成。但最重要的是，你可以自己完成这一切！你可以完全跳过需要伴侣配合这一艰难步骤！瞬间，所有的牌都掌控在你的手中。不必等伴侣明白、配合或许可，更不必等伴侣做出改变。如果能够独自影响整个局势，势必会让你更加自由，而且它会赋予你力量！这种力量不是凌驾于他人的力量，而是一种内在力量。这种内在的力量可以让你逃离受人摆布的牢笼。

所有爱的行动都是单方面的。这些行动可能有某种神秘特质，就好像小精灵或天使做了好事但永远不会说出来一般。有时，你可能也不会向任何人透露你的爱的行动。当然，如果你和伴侣正踏上一场精神之旅，你自然可以或者也想分享自己的爱的行动。

重要的是，单方面行为本身就是一种回报。莱尔根本不需要告诉温迪为了挽救那个夜晚他所做的一切，他这样做也不是为了得到她的赞美或获得更好的自我感觉。他打心底知道自己有勇气也有自律性采取爱的行动，并且爱的行动也带来了改变，他不仅在精神上更加强大，而且单靠自己就把一个可能发生争吵的夜晚变成了一个愉快的夜晚。

第三，莱尔的行动需要自律和意志力。这是爱的行动的第三个特征。我们称之为精神“实践”而不是精神“理论”是有原因的。精神上的成长就是做出艰难的选择，然后一遍又一遍地实践。最终，事情会变得不那么困难，甚至比用以往的方式做起来更自然。精神上的成长是为了扭转习惯和条件反射这类强烈倾向，也是为了战胜懒惰和冷漠。

爬山时，如果屈服于“嘿，不值得这么辛苦，转身下山去吧！即使没有登上山顶又能怎么样呢？”的声音就无法登顶。精神工作的一部分是保持自律，保持自己的动力，即使工作很艰苦，而且回报有时看起来很微小、很遥远。（但是并非都是如此，当你的这段关系是一种精神之旅时，回报有时更直接，就像莱尔那样。）

第四，莱尔的行动只是一个实验。这是爱的行动的第四个特征。很多事情的结果不是预设的，而是开放式的。莱尔需要尝试“假装”（表现得好像）这一方法，但是他并不知道结果会是什么。这是一个实验，莱尔只是想看看会发生什么。

莱尔没有认为，“我要‘假装’没有生气一样，这样温迪就会感到内疚”，或“我要‘假装’我们可以度过一个美好的夜晚”，又或者“我要‘假装’没有生气，这样温迪会更加感激我甚至可能意识到自己的方式有误”。他在不知道结果的情况下就进行了实验，就像在实验室里工作的科学家一样。他可能预设过会发生什么，但是在实验前，他并不知道假设是否成立。他采取“假装”这一行为，是因为他知道这是他可以做出的一个精神层面的选择。现在，他会仔细观察，看看会发生什么。

爱的行动不存在失败，因为它一直是一种实验，它的唯一目的就是获得新信息。当你在爱的关系中尝试爱的行动时，也许你会发现内在感受发生了变化；也许伴侣会更热烈地回应你；也许伴侣会生气或产生敌意；也许你会感觉更糟。无论发生什么，你都会学到一些东西。越有意识地进行实验，越仔细地观察结果，就学得越多。这种学习就是精神成长的实质。

再说一遍，爱的行动是一种特殊的单方面意志行为，是出于对精神成长的渴望并作为实验而进行的行为，其结果需要仔细观察并被纳入未来的实验。

爱的行动有两个作用。首先，它能让你体验到完全变为具有精神力的人是怎样的感受。其次，可以帮助夫妻二人合为一体。就莱尔的情况来看，完全变为具有精神力的人后，他的内心变得极其平静，他再也不会因为温迪的行为而自乱阵脚。

莱尔还未到达那种程度，但完成一项有意识地采取精神行为的实验，他体验到了成长为具有精神力的人可能感受的事物。此外，他的精神之旅也在向前迈进，因为他采取的爱的行动是精神实践中的又一次努力。经过多年“假装”的实践，以及他所做的任何其他精神实践，莱尔将拥有平静的心灵和强大的内心，而这就是精神实践的目标。

爱的行动需要“领导力”

每当采取爱的行动时，你都自动在这段关系中担起了领导者的责任。

领导者是指不仅愿意关注自身的需求，同时也愿意关注团队中的每个人以及团体本身需求的人。好的领导者会促成团队目标，而不只是自身目标，他会希望整个团队获得成功。最重要的是，领导者会通过树立榜样和支持每个成员来积极主动地实现这些目标。

请重读上一段并将之具体运用到你的关系中。

如果你是天生的领导者，这个角色对你来说就很容易。如果不是，这将是一个很好的机会鞭策你走出舒适圈、学习新技能、获得自信。八种爱的行动将为你提供具体的领导方法。就目前而言，你明白了采取爱的行动就是一种领导形式，这对你们的关系至关重要。

领导者获得的回报并不是对等的。通常，领导者必须做额外的工作，但在领导团队取得成功时也会收获满足感。你参加部门、班级或委员会时，是不是经常会有这种感觉：“我本可以把领导工作做得更好！”这里就为你提供了一个机会，那就是利用你当前的这段关系来获得这种满足感。

如果你和伴侣都在采用精神伴侣关系，那你们可以在不同时间轮流担任领导。但是，很多时候，一方会更倾向于担任领导。如果你更在乎关系质量或更常遇到问题，那么你就可以通过自动担任领导角色来发挥影响力。如果你是独自一人践行精神伴侣关系，那么你可以享受无争议的自愿的领导角色。

另外，精神领袖在所有交流中都是“大人”。所谓“大人”是指自愿占据制高点，牺牲自我并对自己说：“建立良好的亲密关系要比我是否能如愿以偿更重要。”“大人”会暂时把自己放在脑后，不操心自己做什么才能获得认可。所谓“大人”是指放弃做对的事，或者放弃确保伴侣知道你是对的。“大人”更感兴趣的是这段关系的好结果，而不是赢了或者是获得称赞。

我的朋友叶琳是位房地产经纪人，正在接触一家人，他们找到了理想的房子，但觉得负担不起。叶琳知道，在当前快节奏的市场中，不出一年，那家人就会觉得自己捡到了便宜，所以叶琳鼓励他们扩大预算。她告诉我，她悄悄舍弃了自己的佣金，虽然那家人并不知道。

“我不需要那个钱，”她告诉我，“但他们真的需要那个家！”

这里，叶琳就是“大人”。她做出了牺牲，这是无私者的姿态，她从自己做的好事中获得快乐并且不需要任何称赞。

如果你每次都在自己的关系中采取这种态度，你将获得巨大的回报，在这一点上爱的行动可以帮到你。

所谓“大人”意味着你要避免陷入最直接的行动中，后退一步，这样就可以看到你所参与的“游戏”全貌了。之后就可以选择：根本不玩，或者可以发明一个完全不同的游戏。担任领导者，其实是一个简单的转变，从“为什么你不跟我说？我真觉得不可以花这个钱”到“看吧，我们又因为钱争吵。去吃点儿冰激凌吧。我相信事情会解决的”。

尽管莱尔内心充满了愤怒、沮丧，但当他努力“假装”不生气时，他正在行使领导力并成为“大人”。

在关系中发挥领导力的好处是，你获得了力量——不是对伴侣的控制力，而是内在的力量和自信。突然，你意识到：你对生活的控制比你以为的要多得多。

爱的目的就是爱

爱是开放和自由的。然而，在很多人看来，单方面采取爱的行动，似乎显得很幼稚，而且也不公平。我们中很多人的孩童时期并不完美，而且成年以后都有痛苦的“爱”的经历，所以他们很少有精神上相爱的榜样。相反地，他们把目光投向现代市场经济中我们很熟悉的那种等价交换关系。他们把爱当作一种合约，这一合约必须是公平的，而且必须具备内在保障。人人都在讨价还价，为的是获得对自身更好的结果。

实验 3　试着采取行动而不是口头说说

在学习具体的爱的行动之前，请留意在这段关系中你可以采取行动的机会，而不只是纸上谈兵。想想要向自己的爱人传达什么：一句恭维或赞美，或者请求、抱怨、批评。现在，只是为了好玩，看看能否想出办法，用行动而非话语来传达这个信息。

在日记中，准确记下尝试过的事及为什么觉得它可行或不可行。

婚姻并不是为了争个输赢，市场规则在此并不奏效。婚姻、恋爱伴侣关系完全是另一回事儿，其目的是学习如何给予和接受爱，仅此而已。爱的行动并非讨价还价的筹码。当慷慨给予、没有任何附加条件时，无论他人如何反应，你都体验到了自己的强大和有爱的自我。

假如你表现得很亲切，伴侣却没有友好地回应你。按照精神实践的原则，你仍然在爱着，而你亲切有爱的行为本身就是一种回报。在精神价值观引导下生活，就是有选择、有意识地生活，而不是总被周围的人牵着鼻子走。

谈判和沟通这类市场规则，可能无论如何都无法在你的关系中产生预期的效果。停下来想想，你们关系中最大的冲突来源是什么？仅仅靠沟通解决矛盾，效果如何？

如果你决定在自身的关系中进行精神实践，那么你面临的唯一问题就是："我如何好好爱我的伴侣？"你不会把爱当作一种策略，来获得特定结果，但爱所带来的回报可能很丰厚。

友爱地对待伴侣这一概念并不模糊，本书将向你展示具体怎么做。对于大多数人来说，相比于复杂的沟通技巧，爱的行动学起来更容易，而且带来的影响要深远、持久得多。爱的回报远远超出旧规则所能达到的最佳效果。在我的第二本书《婚姻需要经营：幸福的真谛》中，我所研究的那些夫妇的关系之所以在变好，是因为他们本着善意的精神，专注于彼此相爱，而不是想"我得到了我应得的了吗？"当身边的一些夫妇还在忙着和伴侣谈判时，他们正在学习如何更好地去爱，而这正是你将要在本书中学到的。

专注于爱而非谈判，效果将大大不同。所有的假设、规则和效果测量方式都改变了。或许对这个新想法你有一定的抵触情绪。因而，我将在第十一章中讨论一些最常见的问题。但是，判断精神伴侣关系是否适合你的唯一办法就是尝试。

所以，第二阶段关系与精神伴侣关系的第一个主要区别是，用爱的行动取代沟通，成为丰富关系和解决问题的主要方法。现在，来看看第二个主要区别。

区别二：焦点由改变伴侣变为改变自己

我们大多数人都试图通过一切可能的方式来说服伴侣做出改变，从而解决关系中的问题。

- 如果你能自己收拾烂摊子多好！这个要求既合理又公平，而且对你来说很容易。
- 听着，我一周就想听一句赞美的话。这要求过分吗？就一次，夸我漂亮，或者说喜欢我做的饭。
- 每晚你都打很多电话，聊那么久，我们的二人世界都没了，这不公平。你必须想办法减少打电话的时间，这样才公平。
- 你又在批评我了，我讨厌这样。你是否明白你的批评伤害到我了，但却无论如何都改变不了我。不要白费口舌了！

要求伴侣做出改变是世上最常见的解决关系问题的方式，也是最没效果的。

当你进行精神实践时，你们的关系就会发生变化。但是并非刻意为之，而是自然而然发生的改变，不是通过强迫和人为干涉来实现的。这一变化出自内心深处，并且会持续下去。当你试图改变伴侣时，就是从你们的关系中排除了精神因素。记得托马斯·穆尔曾说过："思维上的细微变化对生活的影响，要大于努力改变所带来的影响。"

在第八章中，我们将会详细介绍精神伴侣关系中的变化是如何发生的。现在，你要明白的是当你仅将注意力放在伴侣和你的问题上时，改变是不会发生的。

试图改变伴侣这一老掉牙的方法存在两个主要问题：它不尊重伴侣；虽然可能会提供暂时的、“创可贴式”的解决方案，但永远不会真正奏效。

试图改变伴侣是对伴侣的不尊重

我们每个人内心深处都有一簇火苗，生活就是努力让这簇火苗明亮地跃动着。这簇火苗就是爱、快乐、幸福感和内心力量。每当和亲密伴侣交流时，你要么是往火苗上撒沙子，要么是在给它带去新鲜氧气，让它燃烧得更明亮些。但爱的关系应当是点亮、支持所爱之人内心的火苗。不知为何，我们会有这样一种错觉，那就是我们如果以“公平”之名或“建议”（但通常是批评）之名，又或坚持改变对方，而向伴侣的火苗上撒足够多的沙子和泼足够多的水时，我们最终都会快乐些。

试图让伴侣做出改变从来都是减弱伴侣内心火苗的一种方式，既没有用，也不友爱，而且不尊重伴侣，因为这些年他/她一直在努力成为一个可贵的人。

伴侣有权粗心大意、喜欢社交、心不在焉、沉迷于工作、自私自利、惯性迟到或讲粗鲁的笑话。或许这些个性特征会让你不满，但没有必要为你改掉这些特点。

首先，当你爱上你的伴侣时，他/她可能就有那些“缺点”了。要么是爱蒙蔽了你的双眼，要么是你曾经欣赏的品质如今在你看来已经变质了。最初以为的慷慨，现在看来却是大手大脚；最初以为是内心强大，现在看来却是傲慢自大；最初令你喜欢的特立独行，现在看来却是性情乖僻；最初令你钦佩的雄心，现在变成了工作狂；又或者最初你所倾慕的自由精神，现在却是缺少抱负。

伴侣有自己的人格倾向和家族史以及过去的艰难经历，他 / 她没办法全方位考虑，来满足你对爱情的所有幻想，而且你的伴侣也有权拥有自己对爱情的幻想。

女性往往希望男性更多地表达他对自己的喜爱和认可，也希望感觉更受宠，以及拥有更多亲密时光。

男性则恰恰相反。他们希望在这段关系中很放松，而不认为自己需要时刻关注对方。他们喜欢“平行游戏”，恋爱双方都在看书且都感觉放松，或者一个人在外闲逛但知道爱人在家中上网。

你有权利得到你想要的，你的伴侣也有权利得到自己想要的。因而，最终你可能不会得到你想要的一切。这不是问题，而是现实。缠着伴侣做出改变只会让你们产生矛盾、冲突，进而产生距离感，这与珍爱、尊重和支持所爱之人的想法背道而驰。

试图改变伴侣绝不会奏效

当你常常把伴侣迟到、邋遢或疏忽放在嘴边，又或者建设性地、温柔地要求对方改变时，你所传达的信息都是“你的行事方式不够好。如果你愿意改变，我会更爱你”，所以伴侣就会认为“我被抨击、批评了”。

如果伴侣内心认为“我并不糟糕，我现在感觉很好。我爱我自己，即使你不能像我这样爱我”，这对他 / 她来说实际上是一种健康的反应。

实际上，批评一个人会触发其自我保护的本能，而且还会使他 / 她以你不喜欢的方式行事，不管这种反应是有意识的还是无意识的。如果伴侣默许你的每个要求，并从不为自己辩护的话，那么你面临的问题恐怕更严重了。拥有即使受到批评或被要求改变时仍坚定不移的伴侣，你应该心存感激。

“但是，”你可能会说，“我试图说服伴侣做事更有条理、考虑问题更周到、不断提升工作能力，是因为我知道这对他/她更好，于我们的关系也更有益。我正在努力帮他/她！”

帮助，只有在被视为帮助时，才是帮助。

人不可能为了他人而改变根深蒂固的个性特质。如果伴侣自己也不喜欢这个特性，那么越多地传达爱意并营造宽容的氛围，伴侣就越可能会放心地冒险尝试改变。改变通常发生在你接受、支持你的伴侣的时候，而不是在他/她受到你批评的时候。在讨论具体的爱的行动时，我们将会看到许多在支持氛围中发生变化的例子。

重申一下，试图通过让伴侣做出改变来解决问题，既不尊重伴侣，也不会奏效。但是，大多数夫妻依旧年复一年地试图改变彼此，因为这是他们所能想到的唯一办法。

精神伴侣关系邀你尝试一些完全不同的东西。

关注自己

在精神伴侣关系中，你不再把注意力放在伴侣身上，而是开始关注自己。你的行为源于对成为精神上更加成熟之人的渴望。在精神伴侣关系中，关系本身才是精神自我要处理的事情。

始终将处理关系视为一个机会，让你接近你想成为的精神自我，即与真实自我联系更紧密，与伴侣联系更紧密，让自己变得更真实、更有爱。

精神伴侣关系中，要问的不是：“怎么解决问题？怎么才能让我的需求得到满足？怎么告诉伴侣我的需求？”而一直是：“如果要以极致的精神自我来行事，我现在应该怎么做？”

八种爱的行动将给出一些非常具体的答案。

精神伴侣关系中，重要的不是你与伴侣之间发生了什么，而是你如何应对这种情况。你的任务就是关注自己，了解自己能做些什么，然后提供精神上“爱的引导”。当你这么做时，不仅能提升自我，你和伴侣的关系也会自然而然地变好。

“这是我自己的问题”

8 人小组中的沙伦对蒂姆非常恼火。但蒂姆不是沙伦的伴侣，他是一名瑜伽高阶生，总是谈论瑜伽，连坐姿都是瑜伽的姿势。这让沙伦觉得蒂姆在“炫耀”，并且认为这种自我会破坏整个团队。所以她想让蒂姆认识到自己行为不当，并且认为其他人也应该站在她这边支持她。

然而，每当沙伦和蒂姆谈论瑜伽时，我都会对她说：“沙伦，你为什么要指责这件事？”我希望她能明白自己的烦恼是什么以及能从烦恼中了解到什么。沙伦讨厌我的干涉，她希望别人支持她，让蒂姆认识到自己的迟钝和傲慢无礼。但是，我们却努力让她认识到蒂姆有权做自己，并且告诉她这个烦恼也是了解自己的机会。为什么她很烦蒂姆的行为？“这不是蒂姆的问题，”我告诉沙伦，“这是你的问题。”

沙伦花了好几个星期才明白我说这句话的意思，因为在她看来，这显然是蒂姆的问题。

渐渐地，当沙伦愿意审视自己心烦的原因时，她发现自己过去也曾练过瑜伽，但是最后不了了之，并因此非常后悔。蒂姆则激发了她的这种悔恨。当意识到这种强烈的悔恨时，她又想办法重新练起了瑜伽。

每当对伴侣感到生气时，请记住这句话："这是我自己的问题。"作为精神伴侣，不要去问"为什么伴侣会做这种蠢事？"而是问"为什么我对伴侣所做之事反应如此强烈？这种'指责'源自哪里？从这件事中，我们对于自我又有怎样的了解？"

要"修整"这段关系中让你讨厌的地方就不要去关注伴侣做什么或不做什么，而是关注自己。解决矛盾与不满、满足你的渴望的途径，并不在其他人身上，抑或改变当下的环境。平和与幸福只根植于你的内心，这也是有效改善伴侣关系问题的真正起点。

实验 4 "这是我自己的问题"

想想伴侣做了什么让你生气，让你明显感觉到伴侣的迟钝和粗心。

现在，就当是练习，试想一下对于这件事的发生是否自己也有一点点责任。你在其中扮演了什么角色？

这一实验可能非常有效，所以请认真对待并花点儿时间完成这个实验。你可以在日记中写下来或者和朋友聊聊。

"如果总是只关注自己，那不是很自私、很自我吗？"有人曾这样问我。

对自我的精神关注，会带你走进自身、走近他人、走向真实，完全不同于脱离了联系和真实性的自私、自利或自恋。当你在精神上关注自我时，其他人是看不到的，而且这一行为还会引导你朝着爱的方向前行。关注精神世界意味着你要时刻留意自己最高的精神追求，并为此采取行动。

好好关心自己就是在帮助所有人。你不再是世界的苦难来源，而是快乐和新生的储藏库。到处都是快乐和幸福的人，他们知道如何好好关心自己。他们是我们最坚定的支持者。他们所做的一切，都是为了所有人。

—— 释一行禅师

社会上一个根深蒂固的观念就是，经营亲密关系是件艰难的事。确实，很多人都这么认为。令人悲哀的是，大多数人花费一生所做的努力都是错的，对于伴侣他们要么试图改变，要么容忍，这种努力既是徒劳的又令人沮丧。转向精神层面，唤醒真实自我，唤醒内心最深切的欲望，学会如何从爱和同理心入手——这是一件艰难的事，但它会带来一些收获！它不仅仅是艰苦的事！它能让你获得极大满足，使你们的关系达到最初期望的那种状态。

精神伴侣关系是学习如何正确地努力“工作”！这一“工作”就存在于精神之旅中，即走进连接、真实、爱和内心平和的旅程。作为奖励，在这段旅程中，你所做的“工作”能改善你们的关系，而且比其他任何你所能做的事情效果都好。

你们的关系是一种精神实践

我们不习惯将关系视为一种精神实践。一谈到“精神实践”，通常指的是冥想、写日记、幻想或咨询精神导师等。

本书假定你可以让关系本身成为精神实践的一个积极部分。如果你已经进行了一场精神实践，那么建议你把关系囊括进来；如果没有，你的关系则是进行精神实践的好场所。你或许会学习如何冥想，然后花费多年时间进行实践。与此类同，在本书中你会学到“精神伴侣关系”，然后进行多年实践。一直坚持冥想、建立精神伴侣关系或任何精神实践的话，你就会更了解自己，也可能会发现自己对精神成长有所抵触，但是最终你会战胜这种抵触，成为一个更快乐、更有爱的人。

实验 5　关于改变你的伴侣

1. 回顾“实验 1”中列出的事项，即关系中存在的问题。选择其中一个。

2. 首先，在日记中，用一两句话说明如果伴侣愿意改变的话，那么这个问题多大程度上能被解决掉。

3. 将分数区间定为 1~10，1 分代表“绝不会”，10 分代表“非常可能”。请对第二题中你的设想打分，即伴侣以这种方式改变的可能性有多大？

4. 现在，对于同一个问题，请写下：“我对伴侣的行为反应如此强烈的原因是 ____________。”

5. 假设伴侣坚决不改变，你认为你会改变对他 / 她的这种行为的反应吗？回答并解释一下原因。

关系可能是当今世界最强大的精神之旅，也是我们拥有的最好工具。如果知道如何利用关系的话，关系可能是获得最深层真理的最快、最有效的途径。

——莎克蒂·高文

一些精神团体会创造特殊的环境来帮助人们集中进行精神实践。例如，旧金山禅宗中心拥有一处山区度假中心，有些学生会受邀成为工作人员。在学生们收拾房间、打理花园、准备饭菜、布置鲜花时，他们就是在“练习”专注和虔诚。一个叫葛吉夫的学习小组，在有“实践”课程的周末，其成员自愿在高压的厨房里做志愿者，这样他们就可以密切关注由这种压力引发的感受和行为。

一位女士告诉我，她会要求足球队的孩子在训练车上谈谈练习当天所学到的东西，以及希望下一次改进的地方。这是一种将足球比赛变为“精神实践”的方式，即带着提升自我的目的踢足球。

精神伴侣关系就是把你们的关系当作现实生活中精神实践的实验室。因为关系可以唤起某些值得关注、学习的情绪或行为，所以，当你努力按照精神价值去管理关系，你就会主动改善这段关系。

“实践”一词在“精神实践”这一短语中具有双重含义。一方面，该词有职业或生活方式的意味，就像医生进行医学试验那样；另一方面，该词有边做边学的意思。如果你一生都在“实践”爱、不挑剔、接受和宽恕的话，当面临艰难处境时，你就更可能以精神上的方式做出回应，因为你已经有经验了。

把关系视为精神实践，这么做的优势之一在于不需要花费额外的时间，每次只需稍稍改变一下日常行为中的某一个方面即可。不必专门为你自己和伴侣腾出几小时来进行设定好的练习，不必做长长的书面调查问卷，不必做自测题。除了我时常建议做的几项实验外，如冥想、写日记等，不必每天都腾出额外的时间。你需要的是自然而轻松的自律，而不是那种需要额外时间的自律。

精神伴侣关系能很快改善你的关系。一旦决定了进行刻意练习，大多数夫妻都会见证积极的变化。这段精神旅程的目标,例如深刻认识自我、加强同理心和宽容度等，可能需要数月或数年的时间才能慢慢实现，但是关系中奇妙的变化可能会立刻显现出来。

因工作问题意见相左的精神伴侣关系：卡伦和阿尔

卡伦和阿尔曾经彼此相爱，关系亲密稳固。但是有个大问题开始破坏这一切：卡伦的新老板很烦人，因而阿尔一直试图说服她辞职。

卡伦晚上很恼火地回到家，她想要告诉阿尔她的新老板所做的那些令人发指的事情时，阿尔不但没有听她诉说，反而指责起她。

“你只是缺乏做出改变的勇气，”他告诉她，“别缩手缩脚的，辞职吧。这家公司不适合你。调整一下，做你想做的事——写作。”

即使只是暂时的，卡伦也觉得无法适应没有收入的情况，况且她还很看重这份工作。起初，他们会小心翼翼地尝试他们所学到的沟通技巧。但是在沟通中卡伦比阿尔做得更好。当卡伦说话时，阿尔不听（尽管他努力尝试过倾听），也没有给出恰当的回应，甚至打断她，并且用的是“你”陈述，而不是“我”陈述，这些都让卡伦很是恼火。现在他们争吵的不只是工作，还有沟通问题！而且双方都更加坚持己见，认定自己才是对的。

阿尔知道了一个我负责的互助小组，于是决定加入互助小组一起学学精神伴侣关系。带着愤怒和疑惑，他加入了第一组。他认为自己是真心支持卡伦的，但是不知道该怎么做。

我建议阿尔尝试一下“克制”这一精神实践，这是我们将在第五章学到的爱的行动。阿尔承诺2周内不对卡伦说负面的、挑剔的、苛刻的话。

一周后，阿尔回到小组，还带着这样一份报告：

> 一夜之间，家里的气氛完全变了。刚开始，我们只是很安静。大约第三天，我很意外地认识到，我把最近的问题都归咎于卡伦，但实际上我才应该为此负责。如果我什么都不说，就不会有争吵。尽管我还是认为她不对，但我什么都没说，然后我们又和好如初了。对此，我们都很欢喜。

接下来的几个星期里，阿尔开始践行其他几个爱的行动，例如“假装”“独自行动”“练习接受”和“练习同情”，因而他又明白了一个道理，就是卡伦有权保持自己的立场。他不再认为是卡伦错了，而是认为他们的观点可能都是对的。这对他也是一个启示。

又过了几个星期，阿尔践行了爱的行动“同情”，他开始站在卡伦的角度来了解卡伦。他意识到卡伦的父亲曾经因辞掉一份工作，致使这个家庭陷入贫困和混乱。所以，他明白了对于卡伦来说稳定是第一位的，于是开始对她表示同情,并接受她所做之事对她自己而言就是正确的。因此，他有意不再对她的工作提出任何建议。

一年半后，卡伦得到了提拔，取代了那位给她带来很多麻烦的老板。卡伦还为她的部门员工制订了弹性工作时间，这样她就不用每周都工作

5 天，只工作 4 天就好了；她还租了间小屋作为工作室，空出的一天就待在那里写作。

当阿尔开始专注于自己的精神行为而不再试图解决问题时，威胁他和卡伦幸福的距离感也随之消失了。

何为先，精神还是关系

常常有人问我：精神伴侣关系中，个人的精神提升和关系本身，哪个更重要？何者为先？

答案是，二者交织在一起、紧密结合，无所谓孰轻孰重。

例如，我们将学习的一个爱的行动，就是阿尔所做的练习——克制。如果你的伴侣对你大呼小叫，你立刻想到的是安静下来，稍后再以非防守的方式做出回应，这时你的精神价值就发挥了作用，同时你们的关系也会给你带来愉悦。你们的良好关系让你有机会用精神上的方式采取行动，滋养你的灵魂，反过来这种精神力也给了你们改善关系的机会。二者相互依存，相互制约。

因此，在心里把改善关系视为能进行精神活动的方式，或者把精神活动视为管理关系的方式，这对你来说都是有效的。在精神伴侣关系中，爱和精神成长是互相支持的。

为何关系是实践精神价值的绝佳场所

我曾有幸聆听过作家伊雅娜 · 范赞特所作的一场鼓舞人心的演讲，她说："如果你想检验一下自己的灵魂，那就与人相爱吧。当你独自一人时，你能像佛陀一样有佛性。"

关系是践行精神价值的绝佳场所，因为这些价值在此定会受到检验。正是因为关系，人才最可能感到孤立无援，性格中最糟糕的一面才会暴露出来，感受愤怒、恐惧和疑惑。所以，就在那时和那地，你将迎接这些精神上的挑战。亲密关系会同时放大你的优缺点，所以如果你留意的话，就可以好好地审视自身。同时，你也会看到精神上的“实验”确实发挥了作用。

精神力不是你学到的越来越多的方法准则，而是逐渐获得的一种品质。没有什么能比在与所爱之人的关系中获取这种品质更令人满意的了。

精神实践如何加深彼此间的联系

在关系中进行精神实践是绝佳的机会，反之，精神上更加成熟的人在管理关系方面做得更好。精神远比人格更具有爱的能力。你越关注自我的精神，也就越能表明你会被内心深处的激动所鼓舞，越能使自我变得更真实，越能与伴侣建立深层次的联系。

通常，只有关系才能使人和真实的自我构建起联系。当你将自己的注意力全部倾注在旁人身上，把希望和梦想寄托在某种关系上时，你就会自然而然地变得脆弱。爱的本质，从某种程度上也表明了人要适度依赖所爱之人。适度依赖完全合理、正常，但也可能是可怕的，它会让你产生恐惧和脆弱。这种恐惧是真实自我的一面，不要觉得奇怪、不悦就逃避，正面接受吧。这种脆弱能让你在精神上获得成长。

由于埋藏得太久，当首次表现出更真实、更“不受制”的自我时，我们几乎都会感觉脆弱。在一开始你会感到脆弱、恐惧、羞耻、悲伤。但是，如果你融入一段关系中，当你感受到脆弱，而且体会到真实的自我被人接受和被人爱时，那么你将会因为完全沉浸于真实纯朴的自我感觉里而感到无比快乐。这种状态下的你是完全惹人爱的。其他人会被你吸引并爱上你，也会感觉与你有了更深的牵绊。

现在，设想你在面对所爱之人时也这么做。不论是寻找还是分享内心最深处的恐惧、遗憾、自卑或羞愧都需要勇气，但这会让你变得更加真实，并且与所爱之人更亲密。

总而言之，关系是专注于精神之旅的好场所，因为它提供了让人变得更真实的具体机会。而且，通过精神上的努力而构建的关系会是深厚而真实的。

快速回顾

来回顾一下精神伴侣关系概述的内容吧。

1. 许多夫妻已准备好成为亲密伴侣，因为他们已经认识到精神的价值并可以选择性地进行实践。（但是还有很多人不支持精神上的提升，但这并没有影响其他人对这一前沿地带的初步探索和大量研究。）很多夫妻也准备好迎接第三阶段关系，即精神伴侣关系。

2. 精神伴侣关系有赖于并将加强公平性、平等性和良好沟通——这些都是第二阶段关系的理想特质。

3. 第二阶段关系与精神伴侣关系有两个主要区别。

区别一，解决矛盾和改善关系的基本途径由沟通变为爱的行动。这里我们探讨了沟通作为夫妻可用的唯一方式所存在的四大局限。也了解到，爱的行动是一种特定的单方面意志行为，它源于人们对精神成长的渴望，而且是作为实验来进行的，采用爱的行动则需要我们自愿在关系中发挥领导作用。另外，我们还了解到恋爱关系中不只是沟通和协商，这一点很重要，因为这两个方式是基于支配市场的价值观的，而爱则与此完全不同。爱的目的是更好地学习如何给予和接受爱，而爱本身就是一种回报。

区别二，我们的关注点由改变伴侣和关系本身转变为通过关注自己的精神追求，温和地劝服自己做出改变。作为精神伴侣，你会将关系视为一种精神实践，一种能每时每刻发挥精神价值的机会。你总是在问："如果要以最高精神价值来行事，现在该怎么做？"这些精神价值包括摆脱孤立、旧习、恐惧、意识局限、控制欲和不安，以及趋向联系、有所选择、真实、爱、顺从和内心的平静。

实验6　第一印象

在日记中，写下以下问题的答案或者与伴侣、朋友讨论一下。

1. 在仅仅阅读了这一章后，精神伴侣关系中最吸引你的地方是什么？

2. 你对此有什么问题或质疑？

3. 哪一方面又对你没有吸引力呢？

现在，我们已经准备好学习八种爱的行动了。它们将为你提供具体又便于操作的实验，自然而然地引导你按照精神价值观行事。让我们开始旅程吧。

第二章

保持善意

在我的第二本书《婚姻需要经营：幸福的真谛》的扩展访谈中，我发现那些幸福的伴侣不同于其他不幸福的伴侣，他们总是具有一种优秀的品质。

生活在稳定、有爱的家庭中的夫妻并非都是幸福的；幸福的夫妻也并非都掌握了很好的沟通技巧。他们之所以幸福是因为他们身上有一种善意的精神。

总的来说，善意是指对伴侣的慷慨，也就是“无论如何，我都站在你那边。我是你的盟友，而不是对手”这样一种态度。当你用精神上的善意对待事情时，就表明与一件小事所带来的问题相比，你更看重和伴侣的关系，也愿意承认伴侣的观点或许对他/她本人来说是对的，虽然你并不赞同；也意识到积极主动的体贴行为是表达爱的重要方式；更明白爱与公平无关，爱就是爱，付出的越多得到的就越多。

关系的目的是什么

问问你自己：“这段关系的目的是什么？我希望达到什么目标？”

你是想让伴侣变得更体贴吗？

你是想把客厅漆成浅绿色，尽管伴侣想把客厅刷成白色吗？

你是想让伴侣承担和你一样的责任吗？

或许不是。总的来看，你可能是想建立一段相互支持、减轻负担的关系，因为你不想一个人负担所有。你的目的也可能是一起享受生活，始终保持最初的那份爱和激情；或者是培养爱，使这种爱扩展至他人，从而捍卫那些需要你的人、你的孩子以及你的其他热情上。

善意行事，就是要牢记关系的真正目的，特别是面对压力或矛盾的时候，也就是正确看待你遇到的困难。与万事万物相比，这些难题真的那么重要吗？当现在的压力或困难长期困扰你的时候，爱是会被加深还是减弱呢？

答案取决于你是否有能力保持对伴侣的善意，而不是“我的需求能得到满足吗？我会得到我应得的那份吗？”（当然，这些需求也要被注意到，但只有在充满善意的氛围中我们才能看到更多的细节。）

实验 7　关系的目的

在日记中完成以下句子。如果您愿意的话，也可以与伴侣或朋友谈谈。

1. 我们这段关系的目的是 ________。

2. 作为夫妻，我们的目标是 ________。

3. 最近，我忘了我们的目的，当 ________。

善意比争论对错更重要

当你们的关系建立在善意的基础上时，也就意味着当你生气并且知道自己做得没错时，你会讲道理，会表现得很“友好”。

一天晚上，盖尔和杰夫都累坏了。他们大吵了一架，原因是杰夫在和盖尔见面的时候迟到了，就在盖尔责怪他时，他“砰”的一声关上门，离开了。盖尔很愤怒，感觉自己被遗弃了，随后哭了起来。

约 5 分钟后，杰夫把车停了下来，拿出手机给盖尔打了个电话，对她说：“我仍旧生气，但我爱你。很抱歉我突然转身离开，回家之后我们谈谈吧。我相信我们能解决这个问题，别担心。”

杰夫并不在乎这次争吵中谁对谁错。即使生气时，他的善意也依旧占据着上风。如果发生在一对精神上几乎不存在善意的夫妻身上，可以想象他们的矛盾可能会升级，还有更多的辱骂和责备，接着好几天都带着负面情绪。

团体中的一名成员爱丽丝告诉我，仅仅是善意这一概念就改变了她的婚姻。

我一听这个说法，就立刻意识到我自身没有任何善意的行为。如果晚上我想让窗户开着而彼得希望把它关上，我唯一能想到的就是保护自己的利益。我花了多年学习如何坚定而自信，如何“满足自己的需求”。我把一切归咎于彼得，但事实上，我对他从没有慷慨、体贴甚至友善过。难怪他对我不友好！

现在，再遇到类似情况，我会主动地考虑善意行为。但是我并不总是会屈服。以前会引发争吵的事现在看来简直不值一提。现在的我变得淡然宽容了，对彼得也更加友善了，而且每天都能获得惊人的回报。我们也不再总是在意会不会得到自己应得的，善意这一观念改变了我们的关系。

善意不仅是对伴侣好，而且也有益自身

善意听起来好像是为了帮助他人。但实际上，将善意发散出去是你可以为自己做的最好的事情之一。对他人表示友好或慷慨能让你掌控局面，化解矛盾，体会给予爱的快乐。出于善意行事是为他人提供充满爱意的领导的一种方式。

而且，善意可以真正地解决问题。

虽然朱莉娅知道这是小事，但还是会要求迈克在读完报纸和杂志后把它们收起来。但这也只是枉费心力罢了，因为无论她怎么做，餐桌和

沙发看起来总是杂乱无章。另外，迈克会说他从不觉得自己真的读完了，也不认为这些刊物摆放得很乱。他们谈过这件事后，迈克表示会试着改正，但之后还是老样子。朱莉娅感觉很挫败。

后来，有一天，朱莉娅和一位因为丈夫沉迷赌博而沮丧的女人聊了很久之后，她意识到自己能和迈克在一起是多么幸运，也想起了迈克的很多优点。所以，她决定把杂乱的报纸看作是小小的提醒，提醒自己是多么爱迈克，并把整理读物看作是一种展示爱的小仪式，一个给自己的礼物。

因为精神上的善意，朱莉娅做出让步，问题也就随之解决了。

“善意”一词实际上包含一系列具体的行为，如：

- 感谢你所拥有的。
- 关注伴侣的优点。
- 接受伴侣真实的一面。
- 接受那些你希望伴侣改变的地方。
- 练习体贴和慷慨。

爱的行动将提供具体方法，将这些品质融入你的关系之中。

善意不是共同依赖症

我们必须在自我关怀、独立与愿意待人体贴、亲切和慷慨之间取得平衡。

在此需明确一点，善意与共同依赖症并无关系。共同依赖症是指试图帮他人完成他/她必须自己完成的工作，比如说你尝试“帮助”他人戒酒；或者纵容他人的不正常行为，比如说帮喝醉的朋友打电话向公司请病假。善意包括慷慨、有爱、善良、体贴、奉献，这些行为范围很广，但无论如何绝不会和共同依赖症扯上关系。

善意不是“屈服”，不是失去控制感；也不是让你逆来顺受，让伴侣决定一切。恰恰相反，善意源于强大而优秀的自我，即使自己不能如愿以偿也能淡然接受，有意表现善意是自立自主的表现。

即使我们没有强烈感受到，但是专注于刻意的善意行为也有助于积累内在力量，培养精神上不断提升的自我。当脑中“想到善意”时，你就会对伴侣更加宽容，更能看到不同的观点；也会意识到伴侣也在尽力做到最好；并且意识到你的关爱和支持会鼓励伴侣做得更好，这样伴侣也会对你表示爱，这远比唠叨或只为自己着想所能达到的效果要好得多。

善意绝对是爱的精神方式之一。同时，它也是保持良好关系的有效策略之一。约翰·戈特曼在实验室中研究夫妻关系，并鼓励夫妻培养精神上的善意。

“靠近而非远离伴侣，”他说，“并且，接受你的伴侣对你的影响。”

这是什么概念？接受伴侣的需求和愿望对你所产生的影响。多么富有深意的建议呀！特别是在这几十年里，所有的重点似乎都放在满足我们自身需求的情况下。

别把自己当圣人

你现在可能在琢磨：“这对我的感情来说，永远都行不通。我一直在让步，但也没什么用。而且，善意这一方式听起来并不公平，我的伴侣只会利用我的‘善意’罢了。总之，我觉得无论如何我都做不到，我不是圣人。”

八种爱的行动会提供非常具体的方法去践行善意，因此它并非是一个模糊的概念。精神上的善意也是我们稍后要探讨的所有爱的行动的基础。

18 世纪哲学家大卫·休谟在他的《人性论》中这样定义爱：

显而易见，在其最自然的状态下，爱情是由三种不同的观感或情绪结合而产生的，即美所带来的愉悦感、生殖欲望、慷慨的仁慈或善意。

我们要花多长时间才能掌握这一智慧呀？这次可别错过了。

实验 8　培养善意精神

想想你和伴侣觉得有压力或有矛盾的事情。

如果用精神上的善意来对待伴侣，这会对你们的处境或关系有何影响？

在日记中写下回答，或者和朋友谈谈这个问题。

所以，爱的行动不需要花费额外时间。它只是一个想法，一种态度，一种可能改变你的行为或者改变你处理某种情况的方式。请记住，夫妻幸福与否很大程度上归因于建立基于善意的关系的能力。幸福的夫妻对彼此都怀有善意，而有问题的夫妻往往缺少这一关键性特征。

接下来的七大爱的行动将有助于你培养精神上的善意。

第三章

放弃解决问题

大多数夫妻认为:“只要能解决我们之间的问题，我们就能幸福。”

然而，恰恰相反，如果你们关注的是在一起的幸福，你们之间的问题自然会减少。

我常常听人说:“我们遇到了问题，所以在一起不开心。”但更有可能的情况是:“我们在一起不开心，所以我们之间存在问题。”实际上，问题不是婚姻不幸的原因，而是婚姻不幸的表现。

改善婚姻的传统方法是解决冲突、化解分歧，把注意力集中在问题上，似乎只有走过充满问题的荆棘路才能获得幸福。可悲的是，这一策略令许多夫妻陷入了绝望的境地。

爱的行动邀你尝试相反的方式，即始终把创造和谐氛围和培养精神上的善意放在第一位。只有在和谐的氛围中，人才会开始化解冲突、解决问题。

如果你的手臂上有个小伤口，你最不该做的就是戳它、挖它或频繁检查它。这会把事情变得更糟！相反，你应该创造温和且适合康复的环境，让伤口自愈。

同样，关系问题也应当这样处理。

问题是无法避免的

通常，“努力”解决问题并不能解决问题。为什么？因为很多婚姻问题无法被“解决”。那些缘于人格或价值观根本性差异的问题，没有“解决办法”，寻找解决办法只会加剧你的挫败感，让夫妻彼此之间更疏远。

> 人生中所有重大的问题根本无法解决，也永远无法解决，只会在人的成长中被“超越”，这种超越需要新的认知水平。随着更重要或更广泛的兴趣出现……那些难以解决的问题也不再急迫。严格来说，问题并没有被解决，而是随着更严重的问题出现而淡化了。
>
> ——卡尔·荣格

荣格将精神伴侣关系的核心简单概括为：重点关注自身的精神成长，将获得“新的觉悟”，而这种全新觉悟会改变一切，包括你认为你的关系中存在的问题。

学会接受无法改变的事情

许多关系问题根本不是真正意义上的“问题”，而是无法避免的事。如果将其称为问题，就表明会有解决办法。但是如果把关系问题当作必然，你就会明白：只需要学会适应就好，学会接受“无法改变的事情”。

学会接受无法改变的事情是精神成长的重要方面。这不仅可以为关系营造和谐的氛围，还可以提高觉悟，带来新的可能。正如某位哲人所说：“如果你打算与丈夫或妻子建立和谐、有爱的关系，这种打算会让你获得新的认知。”这一观点很深刻。记住：“新观念”能扩展意识，而更高的觉悟也是精神成长的关键部分。

你们关系中的矛盾或问题往往是让精神获得成长的机会，而不是解决问题的时机。训练自己思考：“我能从这次的矛盾中了解到关于我自己和我们的什么？”

我并不是要巧言解释关系中的矛盾。对你来说，现在的分歧似乎无法逾越。但我的观点是，用精神伴侣关系解决问题的方法与陈旧的“解决矛盾”的模式具有本质性差异，它不仅具有启发性而且更有用。正如爱尔兰诗人托马斯·穆尔所言，变化的发生更可能是缘于“思想上的细微转变”，而不是“为改变所做出的努力”。

所有的夫妇之间都有问题。但是，当你把主要精力集中在问题上时，很快你看到的就只剩问题了，因为你会产生一种错觉，即只要专注于问题就能解决问题。你的注意力会完全放在你们关系中最脆弱、最让你不满的地方，而没有时间去享受生活、表达关爱和相互支持。问题就像金鱼，你投喂得越多，它长得就越大。

研讨会结束几周后，一位男士写信跟我说：

精神伴侣关系最吸引我的地方是，改善我与妻子关系的方法不包括“坐下来沟通”这一环节。我没有办法告诉你这是多么令人欣慰。我重获希望和自信，这么多年来终于睡了个最安稳的觉。

如果要在（精神伴侣关系）提供的众多有用的工具和思维方式中选择一个的话，我会选择“即使你没有解决所有的问题，在一起也会幸福”这一观点。再说一遍，这真是一种解脱！（这些观念）帮助我不断尝试新事物，用试验的精神，坦诚面对结果……如今，当烦人的问题再次出现时，我会提醒自己这段关系的真正目标是：亲密、支持和快乐。

精神上解决问题的方式：有意营造和谐的氛围

想想一直困扰你的关系问题，或者你现在正在处理的问题。例如，你在“争权夺利”，是为了谋求什么吗？伴侣的控制欲太强了吗？你有不认可伴侣的事吗？伴侣有令你烦恼甚至无法忍受的特质吗？

听到“解决”问题的最佳方法就是置之不理时，你会感到惊讶吗？

或许，先前你所听到的大多是如何说话才能让他人聆听自己，如何与伴侣谈判，如何“公平竞争”，如何努力理解伴侣，如何抽时间坐下来谈谈。

精神伴侣关系另辟蹊径，它会建议你今晚为伴侣准备一顿特别的晚餐，或者带伴侣去一家环境舒适的餐厅（即使你并不喜欢这么做），就当作一个实验。

用不同寻常的方式来表达“我爱你”，比如用剃须膏写在镜子上或者制作心形煎饼；或者给伴侣写一封意想不到的情书；回家时带回伴侣喜欢的音乐光盘或书；真诚地赞美伴侣；筹备一个惊喜浪漫的夜晚；预订一家周末乡村民宿；邀请伴侣最好的朋友周日过来吃早午餐；在目前的分歧上做出“让步”，把这一“让步”作为礼物送给伴侣，而不是生气或觉得委屈。

如果在这段关系中你总是感觉很沮丧，或许让心情变好的最好办法就是做些美好的事，比如请一天假去远足、购物或者做水疗；又或者和好朋友吃一顿特别的午餐，家庭琐事请他人来做。

这就是精神上解决关系问题的方式。虽然还没解决所有问题，但也要有意营造和谐的氛围。记住，想要快乐的话不必先解决问题！

最重要的是，不要把注意力集中在你的问题上。不要讨论它，也不要试图去解决它，不要关注问题所带来的沮丧感。当你开始想这些问题或者感到焦虑、受伤时，你可以想一些非常愉悦的事情来代替那些想法。记住！把心思放在问题上是解决不了问题的。如果有解决方法，那就不叫问题了！

如果非常愤怒怎么办

如果你很清楚这些问题只是你和伴侣间爱的关系中的小小麻烦，那么这个爱的行动对你来说就很容易做到，并且会让你感觉很自在。

但是，假设你现在感觉非常糟糕，感到被冷落、沮丧、被背叛和愤怒等，这便是很痛苦的经历，很多亲密伴侣都曾有过这种感受。这虽然不容易，但现在你必须振作起来，尝试一项实验，即使你可能不喜欢。

在精神伴侣关系中，人不受情绪的摆布。如果只是坐下来感受，你的感觉和情绪永远都不会变。但是，如果愿意尝试新的行为，你的感觉可能就会有所改变，而且是以你无法想象的方式改变的。无论如何，你对自己和伴侣都将多些了解。

精神之旅很艰难，请记得：你是在恶劣天气下攀登一座陡峭的山峰，而不是在夏天沿着平坦的小路漫步。即使看起来不可能，或听起来很荒谬，你也必须关注精神成长，愿意尝试新事物。

然而，你的借口又是什么？

- 我现在没办法做任何好事。我太伤心了。
- 我的伴侣甚至不会注意到我所做的事情。
- 太老套了。
- 我所做的一切都适得其反。
- 这太不公平了。我早已付出了全部。
- 我已经做了一切善事，远远超出了我应做的。

你可能坚定地相信这些所谓的理由。也没关系，为了这个实验，先不要这么想。“不入虎穴，焉得虎子”，对你来说，“创造和谐氛围”这一挑战越难，你就越应该尝试一下。

如果你正处于一段非常麻烦和痛苦的关系中，而且你觉得“变得快乐”听起来很荒谬，似乎过分简单化了你所面临的问题，那么请想想：你能怎么做，分居甚至离婚吗？你做好准备了吗？如果准备好了的话，请认真审视你的选择，并迈出这一步；如果没有准备好，你可能会和伴侣保持距离，让焦虑、悲伤、愤怒或痛苦的情绪持续下去，而且这种情绪可能会持续很长时间。

或者你可以把问题暂时搁置。当问题出现时，先把它放在一边。要有勇气去做一些慷慨和充满爱意的事情，去做些你认为会逗笑伴侣的事，最好能让对方大笑，或者做一些可能让彼此都感觉很暖心的事。之后，你或许会发现，当问题再次出现时，你们就能应对了。

记住，这只是实验。不存在“失败”，因为无论结果是什么，你都会有收获。没有所谓错误的结果，你只需专注于尝试你所知道的精神方式，仔细观察结果就好。

记住，专注并试图解决现有的问题不会消除你们的问题，也不会让你们感到快乐。但放弃解决问题能为你们的关系腾出时间，将负能量转化为朝气、温暖和爱。不要担心你现在搁置的问题。要相信，当你把注意力转到爱的行动时，问题自然会解决。当你更了解你们的夫妻关系并且制造新的体验时，你们的“问题”就会发生转变，而你也变得能够应对这些问题。

同时，学会欣赏彼此本身就是一种回报。

放弃争论对错

除了放弃解决问题外，爱的行动还要求你放弃可能导致你的关系出现问题的其他事情，例如放下谁对谁错这一沉重的负担。

第二阶段的关系经常强调谁对谁错。这个阶段的我们认为如果伴侣虽有错但愿意承认并改正的话，问题就会得到解决，关系就会变得和谐。

但在精神伴侣关系中，强调错与对不仅不重要，而且还会造成不睦。

精神伴侣所关注的问题不是“谁对谁错”，而是“不管谁对谁错，能做些什么来缓解这种情况呢？”

争论对错并没有什么好处

你的观点在某种情况下可能是正确的。例如，你的伴侣在家务上应当多帮点儿忙，凡是讲理的人都会同意这个观点。但作为精神伴侣，你要明白坚持对错并没有好处。你的观点或许是对的，但是争论没什么用。

说出你们之间一直存在的问题。

实验 9 “可以忍受的”和“破坏关系的”问题

1. 重新列出你认为你的关系中存在的问题或消极的方面。

2. 在每一项旁边写下“T”（tolerable）代表“可以忍受的”或者写下“DB”（deal breaker）代表“破坏关系的”。

3. 在接下来的 2 周内，不要去讨论或解决这些问题。

4. 答应自己，不要讨论这些问题。

5. 想出一件你可以做的事情，让夫妻关系变得和谐，例如帮助伴侣做一件事，给伴侣一个惊喜或特别款待。即使你可能并不喜欢，也要这么做，就当这只是一个实验吧。

6. 在日记中记下你做了什么、效果怎么样。记住，不要期待任何结果，只记下实际发生的事情即可。

我将以爱丽丝和杰克面临的最大的问题为例，但是我建议你在以下的讨论中，将你自己的问题带入进去。

杰克：爱丽丝参与的活动太多了，几乎每天晚上都出去。但我喜欢待在家，希望两个人一起在家里度过舒适的夜晚，而且我觉得她老是留我一个人在家不公平。我唯一的要求就是希望她能稍微克制一下。

爱丽丝：我感觉杰克是希望我放弃下半生。他该明白这些活动对我有多重要。我该什么时候见我的女性朋友呢？他从未体会到我为了能多待在家里放弃了多少东西。无论我做了多少，他都觉得不够。

杰克和爱丽丝都是对的。多年来，他们处理问题的方法一直是使用第二阶段的方法，他们互相倾听、讨论、争论、协商。他们明白彼此的观点，爱丽丝同意杰克想让她多在家待的想法；杰克也承认他喜欢爱丽丝爱社交的性格，也钦佩她的交际能力。他们各自都做出了一点让步，但问题仍旧存在，因为在内心深处，他们还是觉得自己是对的，谁也不能说服谁。

在你的关系中，你在什么事上觉得自己绝对是正确的？例如，你认为伴侣应该更有爱，应该多帮着做家务，应该停止唠叨和批评，应该减少控制欲吗？停！选择一件你认为自己的观点才是正确的事，有吗？

首先要明白：我并不是说你不对。但是还是让我们假设你对问题的分析是正确的，可能凡是讲理的人都会站在你这边。

作为精神伴侣，你要明白虽然坚持自己的看法是正确的或许会让你感觉良好，但对你的关系来说却适得其反，这主要表现在四个方面：

- 争论对错是个死胡同，它只会让你原地踏步。
- 争论对错限制了你的眼界。
- 争论对错会让你很无助。
- 争论对错是对伴侣的不尊重。

争论对错是个死胡同，它只会让你原地踏步

争论对错就是人生一大玩笑，虽然你确实坚持了自己正确的观点，但你所得到的也就只剩下这个了。

- 你不会感觉自己和伴侣更亲近了。
- 伴侣也不会感觉和你更亲近了。
- 问题也没有解决。
- 关系中的矛盾和沮丧也不会有所减少。

你所得到的只是坚持了自己所认为的正确的看法罢了，这是一条死胡同。

当你争论对错时，就相当于在原地绕圈，无休无止。你认为伴侣有一天会突然转过身来对你说："亲爱的，我明白你的想法。这些年来你一直是对的，是我错了。"这件事发生的概率有多大呢？

争论对错一无是处。

争论对错限制了你的眼界

如果你碰巧把问题完全理解错了或者没有理解到位的话怎么办？唐和萨拉之间发生的事就是很好的例子。

唐让萨拉很失望，因为他很少和她说话。第一次见面时，他们聊了

很多，萨拉很喜欢这样。但是现在，唐要么看书，要么看电视；对于看过的电影，以及他的朋友、家人和工作，他都不想聊，总是用一句话就打发了萨拉。

为了解决问题，萨拉试图说服唐她才是对的，让他明白婚姻就是夫妻俩每天沟通、分享想法、享受日常交谈。唐并不反对，但萨拉的唠叨和批评让他很烦。虽然唐会试着和萨拉聊聊天,但那只是为了安慰她罢了。

在此后的几年里，一直如此。一天萨拉和唐去看望唐的妹妹，她住在距离他们家 3 000 千米的地方。萨拉和唐结婚后从未见过这个妹妹。

妹妹家里很混乱，收音机、电视随意摆放。2 个小孩和他们的朋友挤满了家里的公用空间，还有惹人烦的狗吠声。唐和萨拉忍受不了这些，之后唐告诉萨拉说:“我就是在这样的环境里长大的。”

这件小事让萨拉明白了很多。她了解到唐去世的母亲非常不尊重孩子的隐私，有很强的控制欲。当萨拉把一切串联起来时，她开始明白唐的安静少话是为了不让自己陷入混乱局面，给自己留点儿隐私，也明白隐私对唐来说多么珍贵，她甚至觉得自己身上有唐母亲的影子。萨拉内心的某些东西发生了变化，她知道带走唐的缄默是多么不合适，所以她想保护他的安静。

实际上萨拉并没有放弃自己的立场，而是态度软化了，因而心胸也开阔了。

不久后，萨拉告诉唐，她现在可以明白为什么安静对他如此重要了。她也决定在这个问题上不再抱着自己才是正确的姿态。当家里很安静时，她就放松自我、享受安静，并且把晚上在家待着当作一种静修的机会，缓解白日的繁忙。

过了一段时间，萨拉发现当她变得更加安静后，唐的话反而多了起来！

因而，坚持自己是对的还有一个问题，通常有多种解读，而你所认为正确的只是其中之一而已。所以争论对错可能会限制你的眼界。

但是，争论对错还存在一个更严重的问题。

争论对错会让你很无助

通常情况下，你所谓的“正确”看法都是觉得问题出在伴侣身上。当你审视自己的关系问题时，你可能会这样开头：“我的伴侣不会……”“我的伴侣太……”或“我的伴侣不……”

如果解决问题的唯一办法是让伴侣做出改变，你将会处于弱势，因为你无法控制伴侣做或不做什么！你当然可以抱怨、大骂、斥责，但什么都得不到。或者，你可以默默生气，感受被背叛、被欺骗、被惹怒的滋味。这些就是你唯一的选择，但是你想要的还是得不到。

但你依旧认为自己是对的。当你和朋友谈论时，他们也会同意你的看法。可怜的你，伴侣那么不友好、那么粗心、那么冷漠。所有人都会站在你这边，但你还是无能为力。

如果你对自己说：“不管谁对谁错，我能做些什么来改善这一切呢？”之后你就会有很多新的选择。

所以争论对错并没有用，它反而会限制你的选择，让你感到无助。下面是我们之前提过的关于争论对错的最后一个问题了。

争论对错是对伴侣的不尊重

当你总是白费心思试图让伴侣承认自己错了时，你所传达的隐含意思就是："你不够好，你不行。如果你赞同我的观点，我会更爱你。"实际上，你一直在间接地打击伴侣，而不是支持和给予爱。当你想和伴侣更亲近时，如果坚持自己的看法，反而会让伴侣更有理由疏远你。如此，伴侣关系将朝着不具精神力的方向发展，带来彼此间的疏远，而不是精神上的亲密。你把问题归咎于伴侣，但是反复纠缠对错的话，你就成了导致彼此疏远的人！

争论对错是人生的一大玩笑，实际上可能更糟，因为它能带给你的只有痛苦。

当你知道自己是对的时，该做些什么

当知道自己的观点是对的，又怎么能轻易放弃呢？

记住：没人说你不对，尽管你可能是错的。我要说的是，争论对错对任何人来说都完全没有意义，也无关紧要。在你们的关系中，精神上最无效也是最不该做的事就是始终坚信自己是对的，而认为伴侣是错的。

精神伴侣关系所关注的问题不是"谁对谁错"，而是"无论谁对谁错，我能做些什么来改变"。

你能做些什么呢？

总会有合适的爱的行动。之前已经说过，你可以在精神上采取善意，或不再尝试解决问题，而是为伴侣做些甜蜜的事。接下来我们将继续学习六种可供选择的爱的行动，从中选择一个比坚定自己的想法更好的方式。

争论对错是一种"防御"

对于有些人来说，争论对错是一种防御，是为了避免觉得自己愚昧、被忽视或被遗忘而使用的人格面具。一直争论对错其实是一种肤浅的做法，事实上对自己或他人想表达的是：“看！我多厉害。我学识多渊博，我的答案总是正确的。我不聪明吗？你不佩服我吗？”

实验 10　不再争论对错

1. 从“实验 1”所列的问题中选择一个，或者从当前与伴侣之间的矛盾中选择一个。

2. 有关谁对谁错的问题，请在日记中写下“关于 ________ 问题，________ 是错的。”

3. 然后写下：“无论谁是对的，我能在精神上或善意上做出积极改变的方式是 ________。”

4. 如果问题 3 中所写下的是你愿意做的事情，那就去做吧。记得在日记中记下尝试过的方式以及结果。

当把争论对错当作防御时，即使和伴侣发生矛盾，你也不会放弃自己的观点。在每一次的谈话中，你都会反驳他人，补充正确的信息，甚至特意指出他人的错误。

如果自己（或其他人）注意到你有这种倾向，你就该关注这个特点了，就像关注其他的性格特质那样。然后开始捕捉这些行为，看看自己在纠正他人或补充正确信息后的感受是什么样的，看看是否可以在纠正他人之前就注意到这一点，同时尝试不说话，保持安静，看看感觉如何。这些就是精神上所需要做的全部事情。密切关注、观察结果，就是实现真实自我、自我关爱和相互联系而非疏离的途径。

试试这个方法：放弃一切解决人际关系问题的尝试，不要与任何人讨论这些问题。相反，专注于营造和谐的家庭氛围，用任何你能想到的创造性方式都可以，即使自己可能并不喜欢。当发现自己在坚持己见时，问自己这样一个问题："无论谁对谁错，我能做些什么来缓解这种状况？"

这些方法都是精神上的方法，它能将你们联系起来，也能让你发现自己新的一面，而且你会注意到你们的关系立马有所改善了。

第四章

假装一切正常

“假装”（表现得好像）是即将学到的最有力的行动之一。

假设你的伴侣叫贾尼丝，她已经连续4次约会迟到了。你又生气又沮丧，一定会这样说：“你怎么能又这么对我？这一天都会被你搞砸的。我甚至打电话提醒过你。我不明白你为什么不改改。该死，我很生气！”以此来表达情绪。

但是，要获得成功，还有一个鲜为人知的秘诀，那就是：你不必按照自己的感觉行事。

你可以在心里感觉愤怒和沮丧，并承认这些情绪的存在，但是在外在却要表现得很有爱。这既不是伪装面具，也不是“消极对抗”策略（即友好的笑容背后却握着大大的拳头），也不是暗箱操作，而是一种有意为之的精神上的实践。

这种情况下精神伴侣会怎么做？

他们的内心已经极度平静，而且视角更广，“觉悟”更高，这些都有助于他们意识到这件事在大千世界里多么微不足道。他们不想计较谁对谁错，不会说：“我守时了，是你不对，是你毁了这一切。”与之相反，他会对贾尼丝表示同情，也许会想：“我自己也这样做过，知道这种感觉有多糟糕。她肯定也对自己感到失望。我知道她在努力克服这个问题，也真的很想准时。”

他们会明白相互联系是精神上的选择，也会知道相较于这件事以及把贾尼丝改变成一个总是准时的人来说，这段关系本身更加重要。下次，他们可能会把给贾尼丝的约会时间定得早一点儿，或者随身带本书，坦然接受贾尼丝的迟到。

当然，大多数人没有这样的境界，也很难做到不为世事烦扰。但是我们可以通过有意模仿预想的精神反应来学习，即使我们并不喜欢。如果把精神上的行为当作意识实验，并投射到具体情境中，你将体会到什么事更具精神力，渐渐地，随着时间的推移，这将有助于你达到更具精神化的境界。

比如说，你想要体会不作判断的感受，但现实中你不是这样的，你的脑中总是不自觉地充满评判。这时候，你是否得等到非主观的感觉自发产生呢？不。你要以一种不带评判的方式来行事，看看这种全新感受是不是你所追求的。

让“假装”在关系中起作用

当然，“假装”和其他精神戒律一样并不总是容易做到的，这需要付出巨大的努力，特别是在开始时以及情绪非常强烈的时候。但是，你做得越多,就会变得越容易。你会喜欢上掌控而不是受制于周边一切的感觉，也会喜欢这一方式所产生的结果。

从彼此疏远到相互联系

“假装”是一种爱的行动，可以改善你们的关系。同时，它也是一种帮助你在精神上成长的练习。当你注意到自己做某件事的感受时，它会扩展你的意识,有助于把你的个性与真实自我区分开,帮助你变得更友善,并增加你的自爱。“假装”是一种走向联系、摆脱疏远的行为。当你变得更有经验的时候，你肯定会更快乐，因为你将不受他人行为的摆布。

总是完全按照情绪行事，既不是有意识的，也不是故意的。相反，这是一种本能反应。触发本能反应后，你就不再“体验”事情，相反，你只是按照惯性行事罢了。

也许,贾尼丝迟到或者 ________(换上自己正面临的关系问题)时,你总会生气。我们已经知道了由此所引发的后果。你会坚信自己是对的而认为贾尼丝是错的，然后疏远她，生她的气。这让贾尼丝很难感到温暖，也很难让她亲近你。或许（由于改变不了贾尼丝）你的挫败感会萦绕几天。但在此之后，你会感觉好一点儿，然后她会再次迟到，这样循环往复，可能还会持续多年。

想想自己关系中的某个问题，你肯定一遍又一遍地尝试过同一种方式（可能也试图用某种方式改变伴侣），每当重复同一行为时，你仍然希望有些事会有所改变！但改变从没有发生过，因为当你继续做同样的事情时，你会得到同样的结果，确实如此。

尝试新事物

“假装”会带你尝试一些新事物，这可能是你以前从未想过的。

尝试新事物时，你可能会得到全新的结果！但是这也不一定。记住，每一次“假装”，都是在做一场实验。不要依附于任何特定结果，你并不知道会发生什么，只需密切关注结果就好。

一种可能是伴侣的反应或许会改变。绝不能把“假装”当作操控的机会，只需观察结果就好。如果你保持二人温暖贴心的氛围并且不再责怪贾尼丝的话，她习惯性的迟到才更有可能会改变，这比每当她迟到你就像往常一样勃然大怒来得更有效。只有在感受到爱和支持的氛围中，而不是在批评和愤怒的氛围中，人才更可能做出改变。通过“假装”，你提供了领导并参与到爱的创造性行为中。

另一种可能是你自己的感受或许会改变。这一点在卡伦身上就有所反映。

卡伦和阿尔并不常吵架，但是当他们争吵后，卡伦总要花几天时间才能平复心情。而且在这些争吵中，她会感觉自己被无视了，挫败又无助。

在了解了“假装”之后，卡伦决定在下一次争吵之后尝试这一方式。某个星期天早上，他们为是否买新地毯争吵起来。还有一次，卡伦觉得阿尔在坚持认为他自己是对的，并且不顾她的意见和感受，熟悉的愤怒和沮丧之感又开始了。很不凑巧，他们已经计划好这天要一起带侄女去动物园了。

卡伦决定“假装”感觉不错的样子，尽管心里实际上已经快哭了，但努力尝试过一会儿后，她用愉快且听起来很正常的语气对阿尔说：“我觉得我要买这条毯子，以便逛完动物园之后坐在湖边休息。”

“是呀，这是个好主意。”阿尔答道。

在忍住眼泪进行了大概5分钟听起来正常的谈话后，卡伦发现她实际上心里感觉好些了。她继续这样做，心情也越来越好。整个情绪都转变了，愤怒感确实减弱了，就这样，他们度过了一个非常愉快的下午。

“假装”并不新鲜，它已经存在了很长一段时间了，只是还未被充分利用，并且我们没有意识到它是一种精神上的实践。

以你想要的方式改变你的感觉的策略，是神经语言程序学这一新科学的基本原则之一。要改变自己的情绪或“状态”，先要改变自己的生理感受，这和感到忧郁时就去跑步或骑单车是一个道理，之后人的情绪就发生了变化。

有关“假装”的故事

来看看“假装”是如何在现实生活中发挥作用的。

埃德和南希踏上为期两周的意大利之旅时，埃德刚从一家财富500强公司的会计部门离职，正考虑就职于一家致力于艾滋病研究的非营利性机构。但南希却认为这是个很大的失误。因此，他们之间的关系非常紧张，也吵过很多次。在坐飞机去意大利的途中，他们分别扭头看自己的书，互不理睬。南希告诉我：

起初，我觉得我们应该就我们最近争吵的工作问题谈谈，看看能不能有好的结果。我不想整整2周都对他生气。但似乎总是时机不对，所以我一直在拖延。然后，我想起来“假装”这一方式，立马感觉如释重负。我开始放松下来，专心享受美好时光。看到托斯卡纳华丽的别墅时，我们都很惊喜，当我们整理行李时，我们还相互打趣，也有点儿兴奋。那种紧张感似乎也不见了。我不再想那些烦心事，而是专注于享受美好时光，以及埃德身上的优点。这一方式奏效的速度和简单程度令我极为惊讶。饭后，我开始感觉自己很爱他。第二天，我们像往常一样亲密，度过了美好的一天。

我再也没有提起过工作的问题。他接受了那份工作，我本以为他会不到6个月就不干了，但现在他已经工作2年了，而且还很喜欢那份工作。

在我的第二本书中，我采访的一对夫妻的态度也与此类似，他们都有工作且有2个孩子。开始采用“假装”这一行为时，彼得在改善关系中也得到了启示：

我曾清晰地幻想过我想要的婚姻生活，当我娶凯莉为妻时，我觉得她就是我想要的一切。但很快我们有了小孩，事情真的变了，我们也不像之前那样亲密了。这让我感觉很不好，我跟她谈过，但这只是让她也感觉很糟罢了。对“假装”这一方式我很怀疑。（在几乎整整8周的研习会中，彼得都很抗拒我们提出的建议。）但最后，我还是决定实行这个策略。这一转变也令她欢喜。与之前最大的不同是，我不再评判她，只是让自己做到最好。然而她的反应也更积极了。我明白了我不应该要求对方成为什么样的人，而应当做我想做的自己。我很感激我们现在又恢复了之前的生活。这是真实的我们，而不是我头脑中的幻想。

我很惊讶这一实验所带来的改变，我发现想要做某事和真正做某事二者大相径庭。我曾确信实验不会改变任何事，但是我错了。

“假装”可以很好地调节情绪，即使你是一个人。安妮告诉我：

当起床后心情低落，或者下班回家很疲倦、暴躁时，我已经学会不去谈论而是去“封锁”这些情绪了。当我听到自己说恶毒的话时，我会说些愉快的话来扭转这一情绪，表现得好像感觉很好的样子。之后，如果忧郁情绪还在，我并不会强迫身边的人忍受这一情绪；如果坏情绪消失殆尽了，那我的感觉就会变得更好。

最初，我并不相信“假装”这一方式，因为这似乎与我所接触到的哲学观相矛盾，而且我认为更合理的做法是把情绪表达出来，彻底审视情感，而不是避而不谈。如果时机合适的话，我依旧会采取这一方式，但现在我又多了一个选择，这让我的生活更美好了。

当然，时常审视自己的情绪、让自己感受一下负面情绪也是有好处的，因为负面情绪可以教会我们很多东西。但是，如果把“假装”作为处理关系的方式之一，当你想要深入了解自己时就多了一个选择，当你想以更积极的心态迎接即将发生的事情时也多了一个选择。

“假装”行动指南

“假装”就是即使并不想这样，也要表现得很“友好”。这意味着不让情绪左右自己的行为，通过自律和意志行事，而且动力来源于渴望成为精神上更加成熟的人，进而选择你的行事方式。当选择“假装”这一方式时，你将不再受情绪或心情的摆布。以下是一些诀窍：

1. 从小事着手。你可以表现得好像很有爱，很崇拜伴侣，即使你内心并不这么认为，但仅仅坚持 5 分钟、30 分钟或每周一晚也好。

下次再有事情令你烦恼或生气时，可以试试“假装”，哪怕1分钟也好。

最近有一次，当我意识到停车收费码表的时间额度即将用光了时，赶紧回到停车处，恰好看到一名交警正在开罚单。

“等一下！我在这儿。额度刚刚才用光！”我大声喊道。

但她不会撕毁罚单。每当遇到我觉得让我哑口无言而我又无法控制的情况时，我都应对不好。我的脸开始变红，心跳也开始加速。但是，因为我现在每天都在写有关精神行为的文章，所以“采取精神上的行动”这一想法就自然浮现在我的脑海里。随后深呼吸，笑了笑，但不是讥讽的微笑，而是“假装”后微笑的样子。我没办法对那位交警说些好听的话，但至少没说什么难听的话，而是保持微笑。在开车离开时，我就在想：“不就是停车罚单嘛，有什么大不了的。”

2. 你可以把“假装”作为主动采取行动或提供领导力的主动方式，而不是为了应对某种情况。试着直接创造你希望能在关系中拥有的情绪。你想从伴侣身上获得什么？你希望伴侣更加坦率吗？你希望常常过得开心吗？你想获得更多的体贴和浪漫吗？

自己来实现这一切吧。问问你自己：“如果我是内心充满爱的伴侣，我会怎么做？”你可能会给伴侣一些支持；你可能在工作结束后，碰见伴侣时，热情地问候他/她，或者会为伴侣倒杯饮料，或者提议喝杯鸡尾酒。

你希望和伴侣做些什么？不要等，马上去做吧。

参与研讨会的一位成员，在试验了 2 周“假装”方式后说：“获得爱太简单了，只要付出就好了。”

3. 如果你的感觉或伴侣的反应没有迅速且显著地改变，不要气馁。请耐心地常常表现出很有爱的样子，即使每次只维持几分钟，即使没有看到任何直接的结果或变化。你只需注意你内心的变化。

记住，当你处于困境或者心情很糟时，你无法改变自己的感受，这些情绪就在心里。你会生气，你会害怕，也无法靠意志力让这些情绪消失。此外，正如之前讨论过的那样，你也无法改变和你处于相同境地的伴侣。

但是你可以控制自己的行为，可以选择表现得好像感觉还不错。如果这样做，就会有新的可能性。

4. 做好准备，迎接内心的抗拒。

- 我的伴侣不值得我为他/她做这种有爱的行为。
- 这太单方面了。我不必表现得这么友好。
- 这太假了。我没办法“假装”很友爱。我不要这么做！

出现这些声音很正常，不要让这种声音打败自己就好。回头和自己说说话，鼓励鼓励自己。

- 我能行。
- 记住，这是为了我自己的精神成长。
- 如果我从不尝试的话，就永远不会进步。

旧的冲动将继续出现，也许会持续数年。但冲动是没用的，关键是要行动。

5. 关键是要行动。当试图为婚姻创造快乐、安全的氛围时，只有行动才能促成这一切。置之不理帮不到你，沟通也不行，责备则会使你一直陷入困境。即使你不想采取新的行为，但是当你这么做时，改变就会随之发生。正如我们所说过的，你不可能靠感觉来体会新方式，但你完全可以用靠行动获得一种新的感觉。

如果“假装”令你焦虑怎么办

一位女士告诉我：

> 我在“假装”中遇到的困难是，我有时虽然急于想表现得与我

的感觉背道而驰，但我却做不到。“假装”让我感觉我好像放弃了自我。

如果你感到焦虑，要知道焦虑或任何其他形式的抗拒对你来说都是一种收获，因为这是通往真我的窗口。不要逃避焦虑，就让它静静地存在着，看看自己的忍受力如何。关于自我，焦虑能告诉你些什么？这是实验中不可或缺的一部分，也正是你做实验的原因，即更加了解自己。继续关注吧，静待结果。

实验就是试着根据真实感受行事。感觉有没有好些？焦虑是否缓解了？结果怎么样？你不必总要“假装”，因为有时或许并不适合。

但一定要隔几天试一次，即使每次持续很短时间也行。继续关注你自己的感受。

你也可以花时间在日记中描述你的焦虑情绪：还有什么情况会让你焦虑不安？这些事之间有什么相似点吗？试着和焦虑对话，问问焦虑有什么作用，看看它会说些什么。

如何用“假装”修补婚姻裂痕

我曾见证过“假装”这一种精神上的方式改变了最糟糕的关系。以下的故事只是其中之一。

贝姬和约翰结婚 10 年了，但婚姻名存实亡。贝姬来参加我成立的其中一个互助小组，想得到她离开约翰的支持。她还列出约翰身上她不喜欢的品质，整个清单的长度和她的手臂差不多。例如，他控制欲太强，他有事从不和她商量，他对孩子很粗暴。确实，贝姬根本不喜欢约翰。但令我不解的是小组中的其他人似乎很喜欢约翰，而且他似乎也不像贝姬描述的那么糟。

我建议贝姬每晚都表现得好像很喜欢约翰，只要 5 分钟就好。几个星期以来，她都做不到，而且有很多理由。为了让事情更容易些，我建议她试着真正地赞美一下约翰。又过了 1 周，她汇报说：

星期六早上，约翰和儿子踢完球回来时，我对他说：‘谢谢你带萨姆玩足球。你是个好爸爸，我很欣赏你，同时也很钦佩你对足球运动的兴趣。’当然，他听到这些很惊讶。他看了看我，表情并不是疑惑，更像是微笑。那天晚上看电视时，他吻了吻我的脸颊。这让我有些诧异。

在接下来的几周，贝姬开始意识到自己实际上和约翰一样存在问题。这是个令她惊讶的发现。

他的控制欲太强，对孩子太强硬，以自我为中心；但我压根也不是个有爱的妻子。如此这般，他怎么会对我友好呢？

贝姬开始常常采用“假装”这一方式。她不再认为什么都是约翰的错，而是开始更频繁地表现出善意。约翰开始有所转变，这让她很惊讶；而让她更震惊的是她内心情感的变化。承认这些变化对贝姬来说很难，也很需要勇气，但我们给了她很多支持。

当贝姬开始表现得充满爱并且关注约翰的优点而不是弱点时，约翰很高兴，也开始用同样的方式回应她。贝姬开始更关心自己，不再依赖约翰让他做他永远不会做的事情。一年后，我发现他们相处得很好。贝姬说：

> 没想到我对约翰的感觉会有如此大的变化。他并没有改变很多，依然很爱控制；我还是不喜欢他这样，但现在我会更加倾向于支持他，因为我明白我应该关注的是自己。这就大不一样了。我喜欢约翰，也很感激我们的夫妻关系。大部分时间，我们都在享受生活，而且孩子们也开心多了！

以下也是伴侣“假装”很有爱，即使自己并不喜欢这种方式，但却彻底改变了婚姻的案例。

来见我时，阿莉森非常痛苦。她丈夫肯是背包客 4 人团中的一员，已经很多年了。他们会花 10 天时间去荒野旅行，基本上每年 2 次。阿莉森 3 岁时患上了小儿麻痹症，一条腿非常虚弱。走路没问题，但是一瘸一拐地，而且只能坚持很短的时间。多年来她一直在忍受这一切，现在又有了 3 个孩子，她对肯的忍耐也已经达到了极限。

“这太不公平了！”她对我说：“你无法想象没有他的这 10 天，我生活得多么艰难。但他满不在乎，只是说‘我们结婚时你就知道这些呀’。团里的其他 3 个人都是单身，但他不一样呀。我觉得他只需停几年，直到他可以带上孩子和他一起做其他诸如此类的事就好。但是每当他那样时，我都很生气，我想离开他。他甚至不和我谈这些事。他的善意在哪儿呢？只有我一个人这么做，没用！”

阿莉森在第二阶段的人际关系模式上尽了最大努力。她坚持认为自己是对的。或许大多数人会赞同她的看法，也认为肯不体贴、对她不公平，但坚持自己的观点除了让阿莉森更加沮丧之外，什么都没有帮到她。她试着与肯沟通，但从未成功，一直专注“问题”本身的她认为如果肯能帮她，事情就有解决的办法。他们曾尝试过在肯不在家时雇其他人来帮阿莉森，但他们都觉得这样花钱不好，而且也找不到可靠的人。阿莉森还是执着于她所想到的唯一办法，即让肯做出改变。肯必须放弃或调整他的旅行！

与阿莉森接触一段时间后，我建议她尝试这样一项实验，即“假装”感受到了爱，即使并没有。之后我们又详细谈论她该怎么做以及具体能尝试些什么。

在开始下一次背包旅行的前几周，阿莉森开始关心肯：“打算去哪儿？会走多远？准备了些什么食物？”

肯很高兴，他拿出地图给她指了指路线。一天晚上，他做了一道他们最爱的营地餐。阿莉森对这些事情很感兴趣，自己过去竟然对肯所做的事情了解如此之少，这让她很惊讶，之后她发现自己的疑问越来越多。突然间，他们比平时聊得多了，而且很享受。肯对阿莉森的变化没说什么，但明显很开心，甚至有点儿喜欢阿莉森了，这种喜爱的感觉在这些年几乎消失了。

肯离开的那天早上，凌晨 4 点钟就起床的阿莉森准备了一顿特别的早餐，之后给了肯一个大大的拥抱，并祝他旅行愉快。这和之前大不相同，上次旅行的前一晚他们还大吵了一架，第二天早上肯是一个人偷偷溜走的。

我也一直在和阿莉森谈论要更加主动地关注自我需求。她有个好朋友，是位单身母亲，有栋大房子，她俩决定办几天盛大的“家庭聚会”。阿莉森和这位好朋友休了几天假，她们打破一切日常生活，出去逛了逛。头一天，带孩子去了动物园；第二天，则带孩子去了湖边。

之后，最令人震惊的事情发生了。肯打电话说要早点儿回家，并且如果阿莉森愿意的话，他想全家一起驾车去露营。阿莉森认为自己并不喜欢露营，但是因为很多年没去过了，所以还是答应了。最终，她玩得很开心，因为这是这么久以来的第一次家庭活动，所以她也很兴奋。

当然，不是所有的实验都这么顺利，但这种情况也并不罕见。当一对夫妻或夫妻中的一方愿意尝试新事物时，尽管觉得很奇怪很艰难，但新变化还是会发生！

“假装”是在精神上表现善意的具体方式；也是不再关注特定问题或压力而直接走向快乐的好方法。你既可以只坚持 30 秒，也可以坚持几周；既可以运用到夫妻关系中的特定问题，也可以表现得像一个有爱的伴侣一样，并模仿你想要的关系。

实验 11 “假装”

1. 在日记中，回答以下问题：

假设你完全喜欢或崇拜伴侣，你会怎么表现出来？写一段话或列个表都可以，发挥你的想象力吧。

2. 回顾“实验 7”中你设定的目标。为了实现这些目标，需要做些什么？你认为必须先解决特定问题吗？现在，通过表现得像是拥有了一样，想象一下自己已从夫妻关系中得到了想要的一切会是什么样？

3. 设定具体时间（5 分钟到一晚上乃至一整天），把现在和伴侣的紧张情绪搁置一下，而表现得好像自己是位有爱的、钦佩爱人的伴侣。

4. 下次再感到生气、受伤或与伴侣发生矛盾时，特别注意去尝试“假装”这一爱的行动，你一定要寻找机会体验一下。另外你要清楚自己真实的情绪，但不必全部表现出来。对于这些情绪你可以有所选择，这次可以尝试下“假装”。

5. 在日记中记下你所做的事情以及效果。

第五章

练习克制

在我的词典里,“克制”的同义词有“适度、谨慎、明智、冷静、自控、沉着、镇定、清醒、好品味、鉴赏力、敏锐度”。

这些恰恰是我们在婚姻和人际关系中所追求的品质。简言之就是:泰然自若,在压力下保持冷静,宁静沉寂,内心平和。

追求这些品质需要控制力。但有时精神上的“控制力”是如何转化到日常生活中的并不清楚。本章会提供非常具体的练习克制的方法,以及获取与其关联的其他优秀品质的方法。接下来我们将学习三种具体方法:避免消极、批评和苛刻的评论;避免防御反应;避免争吵。

避免消极、批评和苛刻的评论

爱的行动非常具体，例如和自己约定好，2 周内不对伴侣做消极、批评和苛刻的评论。

这项任务容易理解，既简单又直接，而且很有教育意义。

每当同意做这项实验的人向我报告时，他们几乎都会先提到自己经常对伴侣做出消极、批评和苛刻的评论，他们对此也感到惊讶。

我强烈推荐这项实验。现在就开始，在整整 2 周时间里（可以在日历上标出来），要做的仅仅是答应自己不对伴侣做任何消极、批评和苛刻的评论。

提醒一下，这是一个学习的过程。

记录学习曲线

如果你和我曾接触过的大多数人一样，那么，首先你会意识到自己说过一些消极、批评和苛刻的话，这就是很大的进步。这说明你清醒了！你在关注这件事！你在提高自己的觉悟。

之后，你可能会意识到自己正在说一些消极、批评和苛刻的话。恭喜！你已经来到了第二阶段，又进了一步。

再后来，当你正要说一些消极、批评和苛刻的话时，能下定决心不说出来。我希望你能见证这一神奇时刻，练习克制。

这是精神上的成长。这也意味着你已经锻炼了自己的意志和控制力，而不是毫无意识地机械地活着，也锻炼了适度、沉着、清醒、好品味、辨别、自控、镇定等品质。同时，你也为你的亲密关系创造了奇迹。

让内在力量发挥作用

在成功克制几次之后，你或许会感到很有成就感而且感觉内在力量在加强，之后就能更好地控制自己的行为了。

而且，如果当你想要说些消极、批评和苛刻的话语时，你能一直留意的话，就会知道自己倾向于说哪些话。这对自我认识的提升和精神上的成长有着不可估量的作用。什么促使你说出了你想说的话？你要说的是什么？你的消极话语是否一贯是批判的、强势的、抱怨的、挖苦的、攻击性的？当你说这些话时，是否听起来像你父母？密切观察自己的行为，再选择性地修正，看看能学到些什么？当你认真对待这个实验时，对于你所能学到的东西，再怎么强调都不过分。

2 周之后，你将会体会到内在力量的增强，这源自内心的成就感和自我认知的提升以及家庭和人际关系的转变。

注意你的即兴评论

很多消极、批评和苛刻的话语本身可能听起来相当无害，甚至你会觉得你这是在帮助别人，例如：

- 亲爱的，注意一下。你对约翰尼太凶了。（批评的）
- 我不觉得你的话好笑！相反，很粗俗！（消极的、批评的）
- 你能不能别再说那个了！（苛刻的）
- 不要打断我！（批评的、苛刻的）
- 如果这样拿硬面包圈，可以更好地切成片。（强势的、攻击性的）
- 车不要跟那么紧！（苛刻的）

但是，这样的话语连续说几次就会让伴侣觉得你在侵犯、批评或贬低他/她，这些话大部分都毫无用处。伴侣不会真的伤害约翰尼，伴侣还是会讲那些老掉牙的、粗俗的笑话，硬面包圈也还是会被切成片，这些年没有你的这些话，他也能成功抵达目的地。

即使这些话本身无害而且说得也不多，但还是多多少少消耗了你们的关系。请仔细留意一下这类问题，你会明白的。

扭转消极情绪

当然，对于有些夫妻来说，消极、批评和苛刻的话并不是无害的，因为他们的对话中大部分都是这些话，他们似乎已经习惯了这种相处方式。

正打算和妻子玛丽分开的丹尼斯找到我说：

> 她冷漠，不热情，不可爱，沉迷于工作，晚上总是很疲惫。我想说，她为什么要结婚？她本应该在回家时亲吻我，舒舒服服地坐在壁炉前，然而她总是要去做更多的工作。

丹尼斯很善于接受新想法，如果可能，他也想做出改变。所以，我让他去试试上面的实验。2周后，他一脸震惊地回来了。

> 我都不知道我竟然花了那么长时间去批评指责她。我总是在试图证明她多么冷漠，当然，这也算是批评。这些话既苛刻又消极！我的负面情绪竟如此之多。我花了很长时间才真正结束这种行为，这周末，我们的家更和睦了，而且我发现自己和以前也有些不一样了。

丹尼斯发现：在他看来，问题都出在妻子身上，因为她很冷漠，不会和他卿卿我我。但他发现实际上自己才是使这段关系陷入麻烦的原因。他总是批评她，把这段感情弄得很糟。当他希望亲近玛丽时，他所做的实际上是将她推开了。需要改变的是他，而不是玛丽。

在丹尼斯发现停止批判对他来说是一种解脱之后，我鼓励他尝试表现得好像能感受到爱和倾慕，就像妻子已经按他期望的那样对待他一样，即使他并不喜欢这样。

不出所料，玛丽变得更深情，更愿意接受丹尼斯的爱。

但这不是丹尼斯改变的原因，他之所以不再说批评的话是因为放弃批评是精神上的实践，他就这么实验了一把。

但这个实验的结果令他很惊讶。玛丽并没有神奇地变成一个完全不同的人，她在压抑的家庭环境中长大，身体从来都不是完全无拘无束的，但她对丹尼斯却表现得很热情。玛丽的优点就是精力充沛、快乐、乐观以及拥有孩子气的顽皮。但是在丹尼斯的批评攻击下，这些优秀的品质几乎不复存在了。现在，这些品质又回来了，丹尼斯和玛丽也开始更加享受彼此的陪伴了。

丹尼斯还是希望玛丽能更可爱、更性感，同时他也希望她快乐，所以只是靠他单方面通过克制来改变他们的关系。

值得注意的是，在这个实验之前，丹尼斯并不认为自己是消极、批判或苛刻的。除了证明“自己是对的”这一明显的事实外,他什么也看不到。他会告诉我“妻子就应该多情，应该更有爱一些”。但如果他一直试图这样说服玛丽的话，他们势必会在离婚法庭上结束这段关系。在妻子应该深情这方面，他或许可以证明自己的想法是对的，进而获得玩笑般的“安慰奖”，但代价是他会失去婚姻。

注意到自己所说的消极、批判性和苛刻的话语，可以为你打开美好世界的大门，而且你的精神发展和人际关系都能从中受益。虽然这需要大量的注意力和精力，但是回报却是很丰厚的。

与其批评，不如想想“slago”

几年前的一天，我帮朋友搬家，梅雷迪思和我正在整理厨房。她的丈夫克利夫还是像往常一样批评、管控着梅雷迪思：“不要花那么多时间整理那些东西。永远都做不完的，你太挑剔了。这些东西放在哪儿都没关系，把东西收起来就行了。你太毛躁、无条理了，无论你今天做了什么，明天依旧还是老样子。”

克利夫人很好，也很聪明。我一直等到梅雷迪思筋疲力尽地做完中饭，才问克利夫他是否介意我给他提一两个建议。他很乐于接受我的意见。我大概花了 15 分钟时间向他解释什么是善意精神。我说如果你更多地给予梅雷迪思支持而非批评的话，她可能会对你更坦率；我也试图向克利夫指出他制造了多少负面影响，也向克利夫说明了处于压力下的梅雷迪思多么需要他的支持。另外我也尝试告诉克利夫，他可能永远改变不了梅雷迪思，而只能看到真实的她并接受。克利夫似乎接受了我所说的话，并且感激我。（顺便说一下，我也花了很多时间给梅雷迪思提建议，让她把克利夫的话抛在脑后，并且表现得好像对克利夫很暖心与深情，尤其是激起她内心讨人喜欢的幽默感，跟克利夫多开开玩笑。）

1 周后，梅雷迪思打电话跟我说：“太不可思议了。克利夫把你说的话改编成一个词来记忆，slago，分别指的是支持（supportive）、有爱

（loving）、接纳（accepting）、付出（giving）、和坦诚（open）。现在我们一直在互相说'slago'，这虽然是在开玩笑，但他和我真的在这样做。我非常非常感谢你和他谈了那么多，因为我们真的变了。"

克利夫或许对梅雷迪思个性的某些方面依然持批评的态度，但他会马上看到以积极态度对待梅雷迪思、克制批评以及表现得好像完全支持对方所能带来的好处。现在，梅雷迪思感受了支持，所以对克利夫就更热情了。至于她缺乏条理，他想把控一切的问题，永远都无法解决，但是他们在一起更开心了，也学会了处理这些差异。

你的关系的真正目标是什么？是解决问题还是其他？是为了改变伴侣？又或者是为了增加彼此的亲密度、支持度和愉悦感？如果答案是最后一项，那么批评和否定永远都不会帮你实现。相反地，考虑一下使用"slago"，它归纳了我们在前四个"爱的行动"中所学到的东西。

少提一些要求

亚历克斯是另外一个用爱的行动"克制"来了解自身问题的人。当第一次听说约束自己时，他意识到自己对妻子的要求太多了，他决定减少这些要求。他没有麻烦妻子找时间给他理发，而是自己出去理。而且，即使他觉得自己不擅长给自己买衣服，但他还是决定开始自己去买。于是他去了那些有热心导购员的商店。这些自发行为彻底消除了他和妻子双方的负能量在他们关系中的破坏作用。

亚历克斯从没有提过他采用的"爱的行动"，几个月后，妻子才注意到这些变化。在看到不是她理的发型以及几件新衬衫后，她先是很惊讶，再是很感激。亚历克斯也很高兴，不只因为他们之间的两大问题不复存在了，还因为自理能力的增强让他觉得很棒。

或许能帮到你的两条建议

通过不说任何消极、批评、苛刻的话语来练习克制不是一件小事，需要高度的警觉。你可以在一个特定的有限时间内开始做这件事，或许比较有用，比如某个晚上，或者周末。这里还有两条能帮到你的建议。

1. 在开始有意结束关系中所有消极、批评或苛刻的话之前，用以下问题向自己发问或许你会觉得有用："伴侣被我爱着会是什么感觉？"

切实地和朋友谈谈这个问题，或者花半小时把答案写在日记中。

站在伴侣的角度考虑问题。回想最近几天或几周内你们之间的谈话，看看自己在这段关系中是什么样子。你认为伴侣会如何看待你？一般来说，你贡献了什么？有没有办法让你所爱的人的生活更美好？有没有你能摒弃且能让你变得更容易相处的行为？伴侣被我爱着有什么感觉？

如果你认为伴侣会接受的话，当你们都很放松且聊得很好的时候，你甚至可以问问对方这个问题。或许你会了解到有关伴侣喜恶的新情况，一些在你问问题之前没有意识到的情况。如果这次交谈"提升了觉悟"或"扩展了意识"的话，则算得上是精神上的成长。

2. 练习克制时，有一个有用的小小"咒语"，即"关系本身比这件事更重要"，或"关系比 ______ （例如，袜子放在地板上、我洗的盘子或者轻率的评论，等等）更重要。"一位女士告诉我：

> 这句话经常出现在我脑海中，而且总说在点儿上。大多数我想要评价的事情都是很细小琐碎的，而且不管怎样我的这些话也不能

改变现有的情况！现在我敢肯定我每天对自己说了十次“关系本身比 _____ 更重要”。这句话也适用于我的孩子。对所有人来说，最重要的事情都是开心、快乐，但我的唠叨或纠正性的“帮助”会破坏这些情感。总之，这句话对我的家庭帮助很大！

当你注意到自己就要脱口而出说些消极、批评或苛刻的话时，如果你能控制住自己，就对自己念上面那句“咒语”。

亲爱的读者，如果你还没试过本书中其他具体的实验，那么我推荐你尝试“克制”这一方式。我从没听过有人认真尝试过却一无所获。

避免防御反应

现在来到更高阶的克制练习，即当有人对你说了些消极、批判且苛刻的话时，不要本能地做出防御反应。克制自己不说些消极、批判且苛刻的话相对容易一些，因为你是这些评论的发起者；但是避免防御反应要难一些，因为你通常会猝不及防。但是当你读到关于防御反应的替代方案时，请留意一下，因为你很快会发现自己正处于防御状态。这是非常重要的第一步。这时，或许你能改变回应方式，就像我接下来的建议那样。

防御是一种自然而正常的反应。

“我觉得你对托马斯太太说的话很粗鲁。”

“我觉得不粗鲁，她要知道真相，我只是说实话罢了！”

“你从来都不做家务！”

“我做过！昨晚我扫过走廊。平时回家的时候太累了，或者周末我有其他事情要做呀。”

防御这一概念和人类的历史一样古老。有人向你扔石头，你会用手挡住脸保护自己，或许也会扔回去。言语也是如此：用言语侵犯，再用言语自卫。这是一种生存本能。

但是，我们都知道精神上改善婚姻和关系的方法在于“意识”到那些习惯性行为，如果发现这些行为有反作用的话，就会试着做出改变。防御往往是个性受到制约的一部分，而非真实自我；而且防御行为并不是爱，势必会使人疏远。即使是他人挑起的，即使他人的指责很不公平，即使你是“对的”，只要你采取防御措施，你就是在加深彼此的敌意。精神实践要求你成为领导者，成为“大人”；要求你锻炼自己的意志和控制力，向联系靠拢，克服坏习惯。

实验 12　禁止消极评价

1. 在日历上标记 2 周，并承诺这段时间不会对伴侣说任何消极的、批评性的或苛刻的话。不要想着要做到完美，只需一直关注就好，这样就足够了。

2. 在实验开始之前，想想这个问题："伴侣被我爱着是什么感觉？"在日记中写下答案。

3. 在实验的这 2 周，要密切关注、聆听自己的内心。当你取得了小小的胜利或者对自己和关系有新的认识时，也请在日记中记录下来。

4. 请记住这句话："关系本身比 ________ 重要。"当你要说出消极否定的话时，就对自己说这句话。

5. 如果你觉得"slago"（支持、有爱、接纳、付出、坦诚）这一提示有用的话，每天早上可以在脑中想一想，准备迎接新的一天。当你发现自己变得批判又消极时，想想"slago"，然后再行动！

每当你和爱人交流时，无论你是在被攻击还是只是在交流讨论，你都只有两种模式可供选择：敞开心扉或紧闭心门。精神实践的要点就在于尽可能多地向伴侣敞开心扉。你能屈服于伴侣并按照他／她的心情、言论、意见来行事吗？或者你是在反抗伴侣，与其争辩，做出防御，保护自己吗？

咒语："我感觉自己在防御！"

要开始克服防御状态和紧闭心门这两个坏习惯，就要记住"我感觉自己在防御"这句话，特别是当伴侣以某种方式攻击你的时候。如果你很快就冲动地说出自卫性的话,就很难在这之后控制住自己。但是,如果"我感觉自己在防御"这句话就在嘴边的话，或许你就不会下意识地说出"是我做的""我没做"或"你自己也不好"。

"我感觉自己在防御"，这句话说明你不好斗。它给你时间冷静下来，决定接下来做什么。它关注发生了什么，而且不随处指责，你只不过是在说实话而已。

加上这句咒语，以上的对话可能会变成这样：

"我觉得你对托马斯太太说的话很粗鲁。"

我感觉自己是在防御。（停）"让我想想，你觉得粗鲁？"

"你从来都不做家务！"

我感觉自己是在防御。（停）"你真这么认为吗？我们谈谈吧，我很乐意。"

记住，谁对谁错不重要。或许你会觉得伴侣错得离谱，但关键是在这个问题上你能否发挥领导力？能否优先考虑精神成长以及有爱的夫妻关系，而不是本能的自我保护？能否充分践行克制这一爱的行动，从而把它当作给你自己和伴侣的礼物？

“武术”回击

对待言语侵犯做出非防御性、和平反应的下一个阶段就是使用“武术”模式。众所周知，在武术中，当有人向你挥拳时，你不会扬起手臂来挡拳头，因为这么做可能会两败俱伤（或破坏防御），而是会抓住对手的拳头顺势拖拽使其失去平衡。

在对话中，一个武术反应或者顺着对方的话说，就是重复对方的话或提问，例如：

“我觉得你对托马斯太太说的话很粗鲁。”

“你觉得粗鲁？”

“我们再也没出去过了！”

“你觉得我们没出去过？”

另外，你可以选择做出“假装”赞同对方的回答，即使实际上你并不赞同。稍后某个时间，你或许可以就这件事表达自己的不同见解。但是，如果那人在生你的气，并且坚持他自己才是对的，那么你再表达自己的看法，只会火上浇油，而错失精神领导和消除敌对情绪的机会。你可以不否定他人，但事实上也不赞同。例如：

“你从来都不做家务！”

“好像是这样的，你确实做了很多。”

再如：

“我们再也没出去过了！”

典型的本能反应是：

“我们出去过！昨晚还去看了电影！上周也出去吃过饭了！”

可能的非防御的、促进和平的答复是：

“你觉得我们没出去过？”

“我们好像是没出去过。”

“我们确实很享受出去玩的时光。我也喜欢。”

最近，外地来的一对夫妻蒂娜和罗恩和我们在一起待了几天，他们对彼此有很大的误解。罗恩以为蒂娜会独自一人早起跑步，而蒂娜认为罗恩会和她一块儿早起。大概上午 9 点半，罗恩才慢悠悠地下楼，蒂娜很生气。他们的对话是这样的：

罗恩：哎呀，睡得真好呀。你去跑步了吗？

蒂娜：我现在知道和不守约定的人生活在一起是什么感觉了！

罗恩：约定？

蒂娜：我以为我们会早起的！我白白等了整整一上午。

罗恩：我也要早起？

蒂娜：是你把事情搞砸的，别说得你很无辜似的。你太自私了，只想着自己！因为你知道自己错了，所以你在为自己辩护。

正在角落里的我知道，马上到关键时刻了。本以为罗恩会说“不是我搞砸的！我没说过我会早起。昨晚你最后说的是……”这样一来，免不了要争吵一番。

但罗恩很聪明，他是这样说的：

我很抱歉我没搞清楚这件事。等我让你心情很不好吧。你生气了，但我不怪你。亲爱的，很抱歉，我错过了跑步时间，真的很遗憾。

罗恩没有上蒂娜的当。他觉得不需要为自己辩护，尽管蒂娜抨击了他，但他能站在蒂娜的角度上思考问题，因而决定表达出来。蒂娜的怒火也立刻平息了下来，最终挽救了这个清晨。

有时要改掉最初的防御反应需要好几天。曾经有位朋友因为我爽约而生气。起初，我很伤心，并且指责了她不懂灵活变通，甚至觉得她在故意让我感到愧疚。几天后，当我平静下来时，我才明白她是对的。我对自己说：“在这件事上，谁对谁错并不重要。对我来说，我们的关系比事情本身重要得多。”之后，我发邮件给她以示歉意，她很感动。我放弃了为自己辩护，但挽回了珍贵的友谊。

当伴侣很强势或很挑剔时怎么办

精神上最具挑战性的任务之一是学习如何在一个爱唠叨、批评或控制欲极强的伴侣的控制下练习克制。如果你身处上述的一种情况，你可以把它当作是一个学习爱的行动“克制”的特殊机会。

当伴侣批评你或对你唠叨不停、吹毛求疵时，你当然会想要反击，为自己辩护，或者努力让伴侣停下。你会觉得伴侣一直对你挑剔是“不对的”。

如果对你来说，试图让伴侣停下来不起作用，那么这里有个新方法你可以用，不用指责伴侣，也不用让他/她去改变。

请记住“与我无关”这句话。每当伴侣开始指责你时，你就反复对自己说这句话。

事实上，伴侣的行为可能与你也没多大关系。他/她的自然本性就倾向于唠叨、批评或控制，而且几乎可以肯定的是，他/她对待除了你之外的其他人也是如此。这种行为来自伴侣自身的恐惧、完美主义或缺乏安全感，并不是受你所做或不做某事的影响。如果伴侣唠叨着让你减肥，而你确实也做了，那么他/她可能又会开始唠叨其他事情。又比如，伴侣老是教你怎么开车，但无论你怎么操作方向盘，他/她还是会继续那么做。

如果唠叨、批评或控制是伴侣习惯性的言行，那就说明这与你无关。你可能会因为那些话恼火，但不要觉得必须为自己辩护或为此做任何改变。尽量让这些话过去，就当是耳旁风。

“与我无关”这句话在雪莉和亚瑟这对夫妻身上运用得很好。雪莉是个“后座司机”，爱指手画脚，但是她并没有克制这些行为；亚瑟做任何事，她都要主动指点一番。在加入我的团队时，亚瑟的心情非常沮丧。每次他试图说服雪莉不要那么做时都徒劳无功，而且往往是大吵结束。他对我说：“如果她认为我这么没用，为什么要嫁给我？”

我让亚瑟去观察雪莉是如何和其他人相处的，果然，他开始发现雪莉对所有人都指指点点。通常，她的建议非常好，朋友们也不太介意，因为他们会适度采纳。亚瑟恍然大悟，雪莉没有给他特殊待遇，给他提建议并不是觉得他不够好或“没用”，而是因为这样做会让雪莉觉得自己更有控制权，会让她自己感觉良好，另外也会让她从帮助别人中获得满足感（或让她觉得好像帮到了他人）。所以，这与亚瑟无关！当亚瑟不再觉得雪莉是针对他时，他就能够更好地让这些话一扫而过，进而转变话题，继续下去。雪莉没有停止用言语控制他人,但是他们之间的关系氛围变了，因为亚瑟不再把每句话都当成危机处理了。

上面讨论的“武术”战略，即表面上表现出赞同对方的样子，即使你并不同意，这种方式有助于你应对那些长期爱批评人、给人建议的人。比如，你可以这样回答，“你说的对，我希望我能做得更好”，或者“好主意，谢谢！”然后继续你的快乐之路。就你自己而言，好好想想伴侣的建议是否有价值。如果你能接受这个建议，或改变伴侣批评过的地方，而且不违背你的意愿，那就这么做吧。如果你感觉自己的方式更好，那就继续按自己的方式来。但是,不要为自己辩护。不要和伴侣谈论这些，你只要一直和自己说“这与我无关”就好。这是练习克制、发挥领导力和成为“大人”的另一种方式，从而为亲密、联系和共享欢乐等这些关系创造了更多的可能性，毕竟这才是你们关系的真正目的。

为自己辩护是无知的、习惯性的、欠考虑的行为。学会不做出防御反应，是一种精神实践。

如果你认真想过精神实践的真实含义，就知道它是和你的精神状态、态度、幸福、心理和情绪等状态以及幸福感的发展和训练有关。例如，如果你发现自己可能想要骂人，那么你会立即采取预防措施、克制自己。

同样地，如果你遭遇或许会发脾气的情况，你会立刻注意到，并对自己说：“不，这样不合适。”实际上这就是一种精神实践。

停止毁灭性的争吵

爱的行动“克制”的第三方面是停止毁灭性的争吵。

事实上，夫妻都会吵架、发脾气或对彼此失望。争吵是正常的，而且争吵也不代表关系“不好”。

实验 13　关于防御

1. 在日记中，列出你能回忆起自己采取过防御反应的事情或次数。可能是很久以前的一次大吵，也可能是几周前的一些小事。如果你什么都想不起来，那就开始留意一下，直到你发现自己在防御时，再继续这一实验。

2. 在每一个想到的采取过防御反应的事情旁边，写下你本可能采取的一些非防御反应。

3. 记住“我感觉自己在防御”这句话。在 2 周内，把这句话与你每天所做的事情联系起来，比如刷牙、开车或打开洗碗机等。然后，每次做这些事时，停一下，闭眼 3 秒，然后把这句话对自己说三四次。之所以这么做就是为了让你把这句话记在脑中，这样当某个可能用到这句话的事情发生时，你就能想起来了。

4. 当你听到某人对你或其他人说些防御性的话时，你可以对自己说一句非防御反应的话。这可能是“我感觉自己在防御”“是的，你可能是对的”或“这也是一种想法”。

5. 当你第一次在做出防御反应之前就克制住了自己，并且实际采取了非防御反应，那就祝贺自己吧，然后把这件事记在日记中。

有些争吵虽然可能没什么好处，但也没什么危害，甚至有些争吵是有益的，有助于精神上的成长并推动关系向前发展。

有益或无害的争吵

争吵如果有助于阐明和表达真实情感的话，就是有益的。你可能感到不安，但是又不确定为什么会这样，或者你知道自己的真实感受，但又一直不愿意向伴侣表达。把情感表达出来，或许就能明白真正令你沮丧的是什么，而且对于伴侣来说，了解你的真实感受对他 / 她来说很重要。

例如，迈克尔作为律师曾遇到过一个棘手的案子，需要工作好几个晚上才行。吉尔试着理解他，但发现自己还会时不时地抱怨这件事。终于，一天晚上她爆发了，这把她自己也吓了一跳。在她愤怒生气、泪流满面的那段时间，她明白了自己之所以烦躁是因为她很担心夜晚工作会成为迈克尔的常态，并将一直持续下去。而且，她更担心的是那些孤独的夜晚，孤独感比她意识到的还要严重。对于他们来说，了解关系中存在的所有情绪以及具体是怎么处理的，这很重要。吉尔内心深处的情感就是她真实自我的表达。

在这种情况下，迈克尔的反应使得这次的争吵对彼此都有益，因为他没有为自己辩护。他倾听吉尔的心声，他能理解吉尔不是在责备他而是在表达自己的感受。迈克尔也明白自己并不需要此时此刻就“解决”问题。他对吉尔说他并不知道吉尔正经历这么艰难的时刻，对此他真的很抱歉，他还向她保证他并不会养成晚上工作的习惯。可见，这次的争吵绝对拉近了彼此的距离。

一场充满怒气的良性争吵也是释放身体所蓄能量的一种方式，有时候反而会让人感觉很好。尽管一方或双方可能非常生气，但从某种程度上来看，双方都只是把这当作一种好的发泄方式，一切就都变好了。

无害争吵是指伴侣双方都很精疲力竭或处在压力下甚至心情抑郁时发生的情况。他们或争吵，或抱怨，或烦躁。次日，当他们心情好些时，一切就都过去了。

毁灭性的争吵

但夫妻间绝大多数的争吵都是毁灭性的，百害而无一利。这些争吵只会制造负能量，让整个家庭都陷入失望和郁闷之中。伴侣或许会说些真正伤人的恶言恶语，他们没有表现真实的自我而只是出于习惯，他们对自己的情感没有控制力。大多数情况下，争吵的话题和矛盾的真正根源几乎没什么关联，对解决问题没有任何帮助。因为他们没有注意到这些问题，自然在精神上也不会有任何提高。

判断争吵是否有益的一个简单方法就是，有益的争吵只发生一次，或者很偶尔发生一次。或者，有益的争吵可能会在几周内分几个阶段发生，争吵的内容是一样的，但每一阶段都是基于上一个阶段的，而且每次都有进步。另外，在有益的争吵中你会认真地谈论自己的感受，而不是伴侣的行为，虽然伴侣的行为对你的感受造成了影响。

毁灭性的争吵则是就同一件事反复争吵，却没有什么进展。争吵的双方不是在审视观察自身，也没有试图保持清醒或做出选择。毁灭性的争吵是习惯性的、轻率的，这样的行为包括责备、防御、谴责、批评、嘲讽、辱骂，坚持自己是对的而伴侣是错的，并使自己成为一个无能为力的受害者。

解决毁灭性争吵的精神方式就是完全避免这种争吵。

这并不简单，因为争吵会让人上瘾。当生气愤怒致使肾上腺素升高时，人很难避免肾上腺素的激增以及由此产生的令人上瘾的刺激感，也很难在伴侣面前不去展示自己是对的，不去指责他 / 她如何又搞砸了事情。

但精神上的解决方式就是转身离开。

你可以选择：不必按照自己的感觉来行事；要集中注意力观察；要对情况有认知；训练自己做困难的事；愿意去尝试。

转身离开的方式至关重要。如果在吵得很激烈的时候，你说完最后一句话就冲出去，然后“砰”的一声关上门，这显然不是精神上的解决方式。理想的方式是尽可能平静地说：“我现在非常生气。我想谈谈，但不是在我们都情绪激动的时候。我离开一会儿，这样我们可以冷静一点儿之后再谈这个问题。”

然后，都远离当前的局面，果断地转身离开。

如果你内心充满了情绪，就想办法在伴侣不在的时候释放出来。例如跑步或健步走或者打电话给朋友，向第三方诉说你的愤怒，如果对方是你非常了解的朋友，即使无人接听而被转入留言，打电话这个方式也是有用的。让身体释放出积聚的能量会让你感觉好一些。

让自己冷静下来最好的方式之一就是时间。早上对某件事还感兴趣，但下午可能就没那么“在乎”了。释放完愤怒的能量之后，就想办法让自己分心。

最后，你可能会也可能不会再去谈论之前的问题。如果你们争吵的是一些需要决定下来的事情，比如去哪儿度假，周四晚上谁待在家里照顾孩子，或者要不要孩子，那么你将不得不稍后再讨论这些。但是，如果你们是为了争夺关系中的领导权，那么单方面采取爱的行动则比长时间的讨论所带来的效果会更好。你很难通过讨论来解决权利问题，甚至可能无法达成一致，因为我们每个人看问题的角度不一样。因此，不要去讨论，而是选择采取一种爱的行动，弄清楚自己需要什么以及如何靠自己来实现这些需求，让伴侣继续做他 / 她自己。

我曾经参加过一次特别的心理治疗讲座。一位观众问道：“这个方法能让我们不再争吵吗？”演讲者答道：“停止争吵的方式就是停止争吵。”

我同意这一观点。避免争吵也是一条精神之路。不要放任自己不成熟的冲动去惩罚伴侣或为所欲为，你可以对着枕头或朋友的耳朵发泄愤怒，而不是对着伴侣。你的任务是培养自己和伴侣内心神圣的火苗，而争吵是在往火苗上倾倒沙石。

克制练习与精神成长

克制练习有助于学习如何集中注意力，也可以帮你区分个性和真实自我，它还会让你拥抱爱和联系。

确切来说，你要做的只是开始关注并集中注意力。这样，就能感受到自己是消极的、挑剔的、苛刻的、防御的或好斗的了。当你这样做的时候，这是重要的第一步。仅仅留意自己说的话，注意你对你自己说过的话有什么感觉；注意自己的话对周围人的影响。如果你不能马上阻止自己这么做，也不用担心，只要注意自己说这些话时的情况就好。渐渐地，当你真正听到自己的心声时，你可能会发现自己已经自然而然地变得不那么消极和有自我防御性了，因为你会讨厌消极。当你真正注意到这些时，不用被迫或精心谋划，改变是自然发生的。

我们中的大多数人永远无法通过这些爱的行动达到完美。完美不是目的，精神成长才是目的，精神成长才会向着更亲密的联系、真实、爱、觉悟、包容和幸福的方向前进。练习克制是实现自我认知、自我控制和精神成长的一个好办法。

与此同时，你将创造一个更加和睦、快乐的家庭。

实验 14　停止破坏性的争吵

1. 在日记中，列出与伴侣的最近几次争吵。用上面的衡量标准，标出每一次的争吵是“有益的”还是“破坏性的”。

2. 下次当你发现你们即将要陷入破坏性的争吵时，试试“转身离开”这一精神方式。

第六章

平衡给予和索取

公正公平是第二阶段关系的基石。在这一阶段中，婚姻严格来讲是1：1的概念。伴侣双方的给予和索取都必须是同等的，这样才好。在第二阶段关系中，讨论的多是谁在家里做的事情多一些。还会有一些责任清单和磋商事项，例如："你带阿莉森去踢足球，我就来做饭。""你煮3天的饭，我煮4天的饭。"

只要双方都同意这种分工并表现出善意，协商就一切顺利。

然而，当一方觉得不公平而且没办法达成一致时，第二阶段的夫妻就无计可施了。

设想有一个巨大天平，一边是伴侣的贡献，一边是你的贡献。如果天平严重倾斜，你的付出远远大于所得的话，你能做什么？在第二阶段的关系中，你唯一的选择就是对自己的付出有所保留，或者与伴侣协商让对方付出多一些。但是不论怎么做，其结果都令人不满意。克制自己的付出或许还会让你心存怨恨，而且这样做并非出于善意。让对方多付出一些或者纠缠着让伴侣做出改变是精神方法之外的方式，它既不尊重伴侣，也没有效果。

对平衡的全新认识

精神伴侣关系开辟了全新的可能，让你能够完全控制和维系你所追求的平衡和公平。在精神伴侣关系中，我们将邀请你放弃两端承载着伴侣和你的贡献的天平，而用其他天平来代替。这个天平就在你面前，而且你一人就能完全控制它。

在精神伴侣关系中，有不同的天平。天平的一端是对伴侣和这段关系的付出，另一端是你所获得的回报，即这段关系中有关自己需求的那部分。作为精神伴侣，你要在关系中争取的平衡：

> 不是："我付出了100%，伴侣付出了100%吗？"
>
> 而是："我付出了100%，我得到了100%吗？"

在精神伴侣关系中，有两件大事要做：一是你需要支持并关照伴侣，二是你需要支持并照顾自己。无论伴侣给予或得到什么，你的精神任务就是接受它，因为你的伴侣天生如此。你能控制的是：对伴侣的关心程度和频次，即使这是由你自己来承担的；你对自己关心的程度和频次，即使这应该是由伴侣来负责的。

评估关系中的平衡

在给予你的伴侣关心与体贴和照顾你自己的需求之间保持平衡是一项富有挑战性的持续性的工作。

我们每个人通常都是更擅长其中一个方面。你是那种善于照顾并满足自身需求的人吗？你是对自己想要的东西很有信心，并且很果决的人吗？如果是的话，你的任务就是更多地支持伴侣，践行慷慨和体贴，尽管有时会牺牲自己的利益。

或者你是那种即使牺牲自身也要照顾他人且心平气和、体贴慷慨的人吗？如果是的话，你的任务就是更多地支持自己，坚定自信、积极主动地独自行动，即使有时候不得不牺牲伴侣的利益。

让我们分别来看看这两类人的相关案例吧。

照顾自身

萨布丽娜来参加精神伴侣关系支持小组时，她已和杰里结婚 5 年了。整体来说他们很快乐，也都很爱他们的两个孩子，但萨布丽娜最大的不满就是杰里很少做家务。虽然许多中产阶级双职夫妻说他们相信公平公正，但事实上这些职业女性做的大部分事情依旧是照顾孩子和做家务。

萨布丽娜跟我们说："与杰里沟通已经让我很累了。他虽然说愿意做，但并没有实际行动。当没做该做的事时，他就道歉。没办法，最后还是得我来做。"

我们邀请萨布丽娜在纸上画一个精神伴侣关系中的天平。一端写下她对这段关系付出的一切，她还写下了一个长长的任务单以及自己的态度，例如慷慨、善意等。另一端写下她为自己争取的东西，只有很少的几项列在单子上。当丈夫争取时间和自己待在一起时，她感受到了丈夫的爱。同时她也觉得丈夫的收入对自己有一定的支持作用。但是他们共度的时光、丈夫对孩子和家庭的贡献，以及对她的赞扬都太少了，这么看来她的天平似乎很不平衡。

我们都在想办法让她能再次平衡自己的天平。这个过程很长，充满了许多奇思妙想。几周后，萨布丽娜说她请了一位保姆来做饭，每周来1天，已经来了3次了。她则准备额外的食物，这样就能剩些菜留到第二天。而且，她还和家人说了周二晚上要去见女性朋友因而不回家或不回家吃晚饭，但是杰里不喜欢她这样。正当萨布丽娜犹豫要不要每周为自己预留一个晚上时，我们跟她说她偶尔可以满足一下自身需求，尽管要牺牲杰里的利益，只要她觉得自己的给予和索取的天平可以平衡就可以了。

为期12周的支持小组结束时，萨布丽娜十分高兴。她告诉我们她已经预留了好几个周二晚上，也很喜欢花时间和朋友联系。从做饭中解脱出来，对她来说相当于把肩膀上的重担放了下来，而且她发现自己有更多的精力为朋友做特别的食物了。这些变化也让杰里很兴奋，因为萨布丽娜不再唠叨、沮丧了，他和两个孩子共度的晚上也变得非常特别。萨布丽娜把一个晚上留给自己的想法也启发了杰里，他觉得自己和萨布丽娜也可以这么做，因而他们开始了每两周一次的二人约会之夜。

给予是萨布丽娜的本性，但她需要更多地了解如何照顾自己。

照顾伴侣

另一个小组中，在创建给予与索取天平的时候，巴里发现在给予那一端他几乎什么都没有。巴里是名画家，要专注于自己的艺术作品，所以他的妻子不仅要做家务、照顾孩子、做饭，还负担着主要的家庭收入。巴里来参加我们的小组是因为别的原因——性生活问题。

一起想办法时，我们首先提出了很多常见的方式，例如送花、准备晚餐、送情书或周末一起出去。但巴里知道对妻子来说真正有意义的是自己花多点儿时间陪孩子——他的继子。他接受了我们的建议，也践行了他自己的想法。但每周汇报时，我们总是会听到些借口，主要是他没时间做那些写在“给予”那一端的事项。他知道给予有时意味着一定程度的自我牺牲。对此，我们也鼓励过他。在支持小组课程结束时，巴里已经把写下的事情都做了一遍，包括每周定期陪伴继子。

巴里对这些改变很满意，但最让人惊讶的是，性方面的问题已经大大减少了。很多时候，有关性的问题都是这段关系中其他事情的反映。

你是否觉得自己的关系中存在某种程度上的不公平或不平等呢？有的话，那就看看你自己能否在不依赖伴侣改变的情况下就实现平衡。

平衡“权利斗争”：主动打破僵局

当你和伴侣在很重要的决定上意见相左，且任何一方都不可能让步的情况下，要平衡给予和索取的关系是最难的，似乎难以妥协。在这种情况下，你们俩似乎都在“争夺权利”。

“我们要不要搬去应芝加哥？我们要不要再生个孩子？我要不要回我毕业的院校？”在这些问题上，你似乎只能在给予和索取中选其一，很难实现平衡。

但是即使在这种情况下，也是有可能实现平衡的，因为你自己创造平衡的尝试最终会让你走出僵局。

这让我想起几年前，我必须做出决定，要么始终承受被剥夺之感以及怨恨的情绪而变瘦，要么享受着食物而变胖。这两个选择都让我很不开心，但又没有其他选择，只能是非黑即白，没有任何模棱两可的选择。

之后读到一篇文章，彻底让我震惊了，原本泾渭分明的两极分化被打破了。文章提供了第三种选择，即我可以想吃什么就吃什么，只要是我真的想吃，而不是因为感到疲惫或孤独才吃，或者因为其他人都在吃，又或者是因为到吃饭时间了。食物应该是萦绕在我脑海中无法唱出来的“嗡鸣”，而不是一种故意诱惑我的“召唤”，例如面包店窗口的招牌或比萨店里飘出的香味。我记得感受到这种真正的顿悟时，我既兴奋又觉得自由。陷入非黑即白的两极时，我无法想象第三条路的存在。这个方法对我很有效，直到最近几年，当我足够自律地使用它的时候，它仍然在起效。当我第一次利用这个方法的时候，我瘦了 4.5 千克！

就像我制造了一个不准确的两极分化的冲突打败了我自己一样，当你和你的伴侣面对两个似乎相互排斥的选择时，两极分化的冲突也会打败你。看问题时越是黑白分明，你们越会陷得深，也越难有解决办法。不要把事情变成“要么听你的，要么听我的”，而是寻找一个双赢的办法，不管谁对谁错。总之，就是要找一个既对彼此有益又对整个家庭有利的方式。

但是，如果没有人在适当的时候给你看这篇文章，你怎么才能有这种顿悟，怎么才能想到第三选择呢？当只有两个对立的解决办法时，你要怎么处理关系问题？

还真有办法，意外吧？

就是靠自己去主动打破僵局。

想想你给予与索取的天平，你完全可以把控尺度。为了打破矛盾两极化，在给予的那一端，你要尽自己所能对伴侣的观点产生共鸣。在索取的那一端，你可以放松一下，帮自己一个忙。这两种策略都会减轻焦虑，为解决办法的到来创造条件。通常，如果你能够摆脱困境，放松对结果的把控，相信过程，决定自然会像这样出现。决定出来了，办法也就明晰了。但是你必须得先弱化对立面，为一个或多个替代方案的出现创造条件。

接下来我们详细了解一下打破僵局的步骤。

第一步：对他人的观点产生共鸣

首先试着了解伴侣的想法，以及伴侣之所以坚持的理由，即使他/她的想法令你担忧甚至生气。和朋友谈谈或者写在日记中，记得准确说明伴侣的立场，然后总结出伴侣的理据。之后问问自己，结合伴侣的背景及现实生活想想，是什么致使伴侣产生了这样的观点？你该如何尊重伴侣的立场？即使你不赞同，但你能接受伴侣的立场吗？

请记住，你最希望伴侣能够理解并接受你的立场。所以，也试着这样对待他/她。

在练习对他人立场产生共鸣这件事上有进展时，记着要向伴侣表达出来。但是这并不意味着你要勉强自己同意对方的立场。你是用表现出善意来缓解问题所带来的紧张局势，同时为伴侣创造机会来做同样的事而已。当你表达了你能理解对方的观点时，他 / 她就不会觉得要被迫捍卫自己的观点了，这时对方就可能放松这种紧迫感而更坦率地谈论彼此的观点了。

第二步：放宽对自身立场的坚定性

注意，这里并不是要你放弃立场，完全不是这么回事。放宽或放手并不是让你放弃自己想要的，而是放下对想要事物的担忧和焦虑。

意图是一种不依附于结果的欲望。你仍然有一股强大的力量——自己的意图和欲望。同时，你也要相信最好的结果会自然地产生，不需要你来强制或操纵。怀着强烈的意图，放松你自己的立场。

对某一结果越依赖但又没办法实现时，人就越害怕接下来发生的事情。恐惧会限制你。因为人害怕时，就会把自己保护起来，无法做到足够的开放、灵活、有创意。当坚信自己才是正确的而且拼命坚持时，就会引发权利争夺。

为了让自己放宽对自身观点的坚定性，请再去和朋友谈谈或写在日记中。问问自己这些问题：

- 关于我们的观点，我是否也也有自己的内心冲突？
- 伴侣的立场中是否有我欣赏的部分？
- 从某方面来说，我真的有点儿矛盾吗？
- 这场争吵中，在哪些层面上我们的意见是一致的？

通常，对于要达成的目标意见可能一致，只是对如何实现目标存在分歧。例如，你们都想愉快轻松地度个假，只是你想爬山，而伴侣想去海里游泳。

打破矛盾两极化的最后一步就是等待。解决办法的出现需要时间。等待的时候，你必须愿意暂时处于不确定中，这被称为“丰盈的虚空”阶段。这时你或许会感到不安和困惑。但要记住，这时的空虚是丰盈的。如果你愿意忍受一段时间，就会有新的可能来填补这一空虚。

如何平衡工作问题上的给予和索取

这儿有个很常见的“权利争夺”的例子。蒂莫西得到了他非常想要的晋升机会，但这意味着必须要从丹佛搬到旧金山。但是，妻子莉强烈反对他这么做。在丹佛，她有自己喜欢的平面设计工作，孩子们在很好的学校上学，有自己的朋友和交际圈，还有很棒的房子。当蒂莫西得到晋升机会的时候，莉加入了我的一个小组。她坚决不同意搬家，而且她觉得这一切她都占理。

在小组中，我们通过“去两极化”的几个步骤解决了莉的问题。

她能够轻松地表达对蒂莫西立场的共鸣和理解，也知道晋升对他来说多么重要。在和蒂莫西谈论这些时，蒂莫西很感激莉。他明显知道莉并没有放宽自己的立场，但还是被莉的理解和体谅感动到了。

之后，莉试着放宽对自身立场的坚定性。

她内心有矛盾的地方吗？也存在潜在的矛盾吗？

答案是肯定的。她喜欢旧金山，觉得住在那里可能会是非常令人兴奋的全新体验。她也希望蒂莫西能够晋升，这样就有更多的钱来支撑家庭了。她计划将来做一名自由设计师，而搬家正好为这件事提供了机会。甚至她的儿子也赞同搬家，因为他曾在看望他的堂兄时在旧金山待过几个夏天，他也喜欢旧金山。

莉花了几周时间来想会发生什么。我们鼓励她不要花太多时间讨论这件事，也不要觉得必须立马做出决定。蒂莫西也同意这么做。

之后在下一次我们讨论莉的决定时，她告诉我们她内心的矛盾更清晰了。对于搬家，她也有点儿兴奋。她告诉我们："我熟悉丹佛的生活。我可以继续这么生活下去，也可以为生活做一次全新的冒险，这么说确实令人激动。另一方面我知道这会给我带来的所有损失——我的朋友、熟悉的日常生活、心爱的房子、参加了 15 年的花园俱乐部。但我知道任何改变或冒险都会有损失。只要我想我就能飞回丹佛看看。"

最终，这对夫妻决定搬家了，莉现在非常喜欢旧金山，而且还经常飞回丹佛看朋友，在花园俱乐部也依旧很活跃。

平衡与人为善和自我关怀

平衡与人为善和自我关怀是精神伴侣关系非常核心的部分。这是一种在夫妻关系中展现领导力的方式，是不用口头方式便能解决冲突的策略，也是展现善意的途径。这是一项持续不断的任务，因为你会发现无论是投入所有时间还是始终坚持自己的方式，原来的习惯仍会再次回来。但是，当你更加注意强化弱势方时，就越能认识到它的重要性，就会在平衡二者的关系上更加得心应手。记住，越是主动去付出更多并更好地照顾自己时，在夫妻关系中所获得的回报就越丰厚。

要想实现这样的结果，秘诀之一就是放弃有关公平公正的陈旧僵化想法。同样，陷进谁对谁错的问题只会引发冲突，坚持完全的公平也可能只是个陷阱。

记住，每个人的能力和倾向都是不一样的。比如，在表达情感上，彼此都会100%地发挥自己的能力。但可能你的100%看起来有几千克，而伴侣的100%看起来可能只有1茶匙。这是同等的吗？一般来说，女人倾向于用感情和口头肯定来表达自己，而男人则通过处理事务、在家里做事情来表达他们的爱。所以，如何衡量谁付出的多呢？这件事本身毫无意义，只会徒增不快。

或者，你如何衡量花费不同时间和精力的任务的“公平性”？例如，从时间和任务量来看，80%的家务都是由巴巴拉做的。但伴侣愿意承担生活用品的一切采购，也愿意在周末早上陪孩子一起起床，这两项家务的任务量比她做的事情的任务量看起来要多20%。因为除了这两项家务，剩下的对巴巴拉来说都很简单，甚至是享受的过程，但她知道她做的这些事情对伴侣来说就是一种负担。如果严格按照所花费的时间来衡量，那么这种分工可能是不平等的。但如果满意度能衡量的话，这样分工或许会是“公平公正的”。因而衡量的标准是相对的、主观的。

男女间的不公平现象仍然存在。在婚姻中，男女平等已经发挥了作用。然而，在精神伴侣关系中，我们不着重讨论平等和公平的严格定义，而是侧重于精神上的善意。我们想要衡量的不是：“我们的付出是否完全相同？”而是：“我们感觉好吗？这场婚姻是不是把我们每个人都培养成了独立的个体？”你要问自己的是：“在这段关系中我的付出和得到让我的感觉好吗？如果没有，我要怎么做才能快乐？”

正如之前所说，要平衡给予和索取的天平你需要磨炼两种技能：一是即使要牺牲自己也要支持伴侣；二是即使要牺牲伴侣也要支持自己。接下来再看看另外一个例子。

照顾伴侣

在这个故事中，黛安决定满足伴侣的需求。理查德很想进入哲学研究生院学习，但是黛安坚决反对。因为他们有两个小孩要抚养，所以夫妻二人都要有收入。另外，黛安担心这一学位对收入的增加并没有帮助。于是，我让他们二人再仔细看看这一计划，详细讲述其中的细节。在他们交谈时，我能看到黛安的变化。她明白理查德的欲望多么清晰，他谈到这件事时多么生气勃勃。她开始提出使计划生效的建议。她还谈到了这么做对她来说有多难，她自己也很害怕。但她已经打开了一扇门，一点一点地走了过去。理查德非常赞赏她的表现。

关爱自己

最近，我的朋友塔米感觉很苦恼，因为她和丈夫思考后都觉得无力承担她乘飞机回东部参加朋友婚礼的费用。当我看到她泪流满面时，我问了她更多关于“共同”决定的问题，并建议这可能是她需要照顾自己的时候，即使这是由她的伴侣承担费用。我们一起设想了她和丈夫汤姆说自己已经决定去参加婚礼了会如何。

她以前从没这么想过，所以决定试一试，就当是个实验。当她真的这么做时，汤姆很惊讶。虽然一开始很生气，但第二天，他们都觉得这个决定更好。塔米自己也感觉很好，而且也明白这是精神上的进步，因为她内心的火苗明亮了起来。塔米对自身潜在可能性的认识也有所提高。最终，汤姆很尊重她的果断坚定，这个决定之后他也看到了塔米变得更真实、更放松、更快乐、更强大。另外，这个决定也让他们俩之间的联系更加紧密了。

实验 15 “照顾自己”还是“照顾伴侣”

1. 在日记中，用适当的词语完成以下句子：

这段关系中，我更善于照顾 ______（自己还是伴侣）。

我要更注意照顾 ______（自己还是伴侣）。

2. 在日记中划出两列。一列写上前 1 个月内你照顾自己的方式。另一列，写上前 1 个月内你照顾伴侣的方式。

3. 列出一些你能在这段关系中更好地照顾自己的具体方式。

4. 列出一些你能在这段关系中更好地照顾伴侣的具体方式。

5. 从体现出你弱势的列中，选择两项并制订出具体计划，在接下来的几天内完成。

6. 在日记中记录下你所尝试过的事情及其效果。

第七章

独自行动

如果听到自己并不需要做什么事情都征求伴侣的同意，你可能会很震惊。但是在这么多年与无论是单身者还是夫妻的接触中，我发现偶尔独自行动是给予彼此最好的礼物。

例如，朗达非常想要两张芭蕾舞演出的季票，但丈夫比尔一直不同意。他说，“我不太喜欢芭蕾”或者“就买一场演出的票”。几年来，一直都是这样。朗达觉得她与丈夫双方的妥协让步很合理，但每每读到有关芭蕾舞表演的评论后，发现自己错过了精彩表演时，她又很苦闷。

有一年，当她为选择哪场演出而苦恼时，有个想法像闪电一样冲进脑海，那就是她可以给自己买张季票！“从这个想法的涌现到我拿起电话订购季票只是一瞬间的事，”她跟我说，“我简直不敢相信我以前竟然没这么想过。”之后的每一场表演她都非常享受，而且第二年，她还说服了一位好朋友和她一起买票。比尔对此也很满意，因为这无疑满足了彼此的需求。

还有一个例子：蒂娜和马克斯买了一辆急需的新车。原先那辆车又老旧又笨拙，没有电动锁和动力方向盘这种新的便利设施。不知何故，他们从一开始就有个不成文规定，即新车为马克斯所有。有时，如果蒂娜有充分的理由要用车，例如参加当天的午宴，她都会问问马克斯自己能不能开那辆新车。

一天，蒂娜突然觉得自己很蠢，要开那辆新车还要征求马克斯的同意。她对自己说："这车是我们俩的，为什么要让马克斯来做主？"

想了一整天后，那天晚上，蒂娜对马克斯说："你知道吗？亲爱的，我在想，我们都喜欢开那辆新车。我也想经常开着它去上班。从现在起，让我们轮着用吧！你用一天，我用一天。"

起初，马克斯有些反对。但蒂娜记得"放弃解决问题"和"运用克制"这两个爱的行动，因而她很机智地说"你先想想吧"，然后就略过了这个话题。

第二天，蒂娜说："今天我开这辆新车，好吗？"

马克斯说："我一直在想这件事，对我来说，按周来轮着用会更好。因为整整一周，会让我们感觉车是自己的。"

蒂娜说："这个主意更好！我喜欢。没问题的话，就从今天开始吧。"然后蒂娜深深地吻了下马克斯，之后坐上车就出发了。

注意：在这个案例中蒂娜并不认为马克斯做得不对，没有指责说他不公平或者不体贴周到。她甚至没有引发"权利争斗"，不知不觉中，整个事件悄悄演变成了马克斯对新车的最终决定权。她只是安静地但又坚定地改变了权利流动方式。在这种情况下，她不是征求自己需要的“权利”，而是主动索取。

通过制订可行的解决方案，蒂娜用了迄今为止学到的六个爱的行动：

- 本着善意的精神，她没有责怪马克斯。
- 她没有试图通过沟通来解决问题。当马克斯想争吵时，蒂娜立刻明白保持彼此间和谐的氛围比使用汽车本身更重要，所以她转换了话题（放弃解决问题）。
- 她不在乎谁对谁错，她假装一切正常，并且问自己可以做什么来改变这种情况。她没有试图改变马克斯或说服他承认自己做得不对。
- 她通过不说批评性、苛刻、消极的话以及不去反驳或争吵来践行克制。
- 她明白在这件事情上，她内心的天平失去了平衡（平衡给予和索取）。她在付出，但是自己的需求没有被满足。因而她想到了一个更好地照顾自己的方法。
- 她找到了独自行动的方式，不再试图征求马克斯的准许或同意。

独自行动的方式

如果在夫妻关系中你的一些需求没法得到满足，你可以独自行动来满足这些需求。这一爱的行动对许多常见问题都有效果。

- 如果你的丈夫没有修整篱笆，那你就雇人来做。
- 如果你的妻子在看完电影后不爱谈论电影，那你就打电话和那些喜欢谈论电影的朋友聊一聊。

- 如果你的丈夫在一天结束回到家时不爱说话、心事重重，那你就利用这段时间打电话给朋友分享你的事情。
- 如果你的妻子晚上花太多时间打电话，那你就时不时带她去吃饭，或者引起她的注意后再计划其他事情。
- 如果你的伴侣花很多时间上网，那就让自己也对上网感兴趣，这样就可以和伴侣一起玩了，或者也可以不去关注伴侣上网那件事，而是把时间花在自己的兴趣爱好上。

如果你能想到更有趣的方式来解决问题，那就更好了。一位女士告诉我，她丈夫总是拖延着不去修漏水的浴缸水龙头，所以她就用个塞子塞住了浴缸！当丈夫看到浴缸满了时，他就想起来了。

还有一位男士告诉我，他没办法让妻子别再从他的西装上摘棉绒。所以他就在翻领上放了一个小线头，这个线头系在口袋的线轴上。当妻子试着摘掉那个线头时，孩子们都大笑了起来！

完整描述“独自行动”是不可能的，因为不同情况的要求不同。有时，最重要的就是意识到自己有选择的权利，之后需要做什么就很明显了。但有时，解决方式并不明显，因而必须发挥创造力，而且“脸皮要厚”，态度要强势。

祖西·汉弗莱斯跟我们讲她给自己办惊喜派对的事，我们都笑了。暗示了15年，但她觉得丈夫并没有理解自己的意思。所以，在和朋友聚会的一天晚上，她说她要为自己办一个惊喜派对，让大家预留出时间。朋友们都笑了，随后他们收到受邀邮件。祖西还在里面附上一张小地图，告诉人们把车停在拐角处，这样她就知道大家来了。祖西还在房子里布满了氦气球，还挂了一个牌子，上面写着："我们爱你，祖西！"然后，她让两位好友带她去喝酒，这样其他人就有时间准备。当她再次回来时，房子先是一片黑暗，然后灯光亮起来，所有人大声喊道："生日快乐！"然后她感动得哭了！

你自己都不关心自己，谁来关心你呢

只有自己才知道自己想要什么，缺少什么，以及做什么改变才会让自己更快乐。其他人无法走进你的内心，发现你真正想要的，了解你对自己抱有的期望，更没办法帮你实现梦想。

打盹儿这件事别人无法为你代劳，任何人都不行！而且，甚至没有人会注意到你想打盹儿。

如果你忘了和他人的约定，或忘了给孩子做晚餐，别人就会在意！但如果你把想上舞蹈课的想法延迟几个月甚至好几年，那最后只能错过了。这样的话，你需要为自己考虑一下，将想法付诸实践。

没人会像你一样关心你的生活质量。

你在哪方面忽视了自己？这种忽视是为了实现其他更重要的目标而自愿做出的权衡吗？或者，如果你自己做主来填补生活中的空白，从而改变这种不平衡，这样一来你的感觉会好些吗？

朱莉娅的精神解决方式：主动"克服问题"

来看看朱莉娅如何通过自己做主来"克服问题"，而不是试图通过说服伴侣改变来“解决问题”。

朱莉娅是一名商业软件的销售人员，收入不错。她嫁给了里克。但这个时候里克的职业生涯正处于低谷，他不愿做公司职员，自己创业也遇到了问题。但里克为自己下定决心做有意义且有用的事感到自豪，也对自己的能力充满信心。他一直告诉朱莉娅自己只是需要时间来搞清楚一切。

朱莉娅赞同里克的价值观，也欣赏他这种精神上的独立，但他们有四个孩子，需要两份收入来维持。她知道自己没办法“帮”里克弄清楚要做什么。她只是提些建议，因为这是里克自己的问题，他必须自己解决。茱莉娅很有耐心，也很支持里克。因为他们确实有些积蓄，暂时还可以应付。

两年后，朱莉娅变得越来越焦虑了。中间，她和里克还吵了好几次，这很不正常。朱莉娅发现，当自己失眠时脑中所想的都是要靠自己赚更多的钱才能维持一家人的生活。但现在有个想法让她很兴奋，那就是自己多年前是名工匠，可以设计手镯，没准儿能得到高端时装店的青睐。某个周末，她收集了所需要的材料然后开始动手制作。她的女儿也兴致勃勃地加入进来。6周后，她们觉得样本已经足够了，可以展示给其他人了。没想到，最初试着去推销的两家店都向她们下了订单！

几个月后，朱莉娅和女儿拿着手镯参加了礼品展，展会上她们签下了很多单子，足以忙碌一年，同时还能补贴家用。

如果这个家庭属于第二阶段关系，不难想象朱莉娅会因为里克而变得越来越生气，把问题归咎于他，指责他，并试图说服他，让他找份工作，从而将心思更多地放在“问题”上。尽管朱莉娅本身“没错”，但这样做会让家庭陷入极其不幸福、极其沮丧的境地。

通过以善意的精神来独自行动，茱莉娅打造了非常幸福的家庭。她和女儿变得更亲近了，里克也有时间去找回激情，他们的收入问题也解决了。

但是注意：这个解决方案并不是基于茱莉亚所认为的公平的或合理的想法。她没有问“到底谁对谁错？”而是问“我做什么才能摆脱困境？”她没有通过和里克沟通来解决问题，没有缠着他做出改变。她相信里克已经尽力了，所以比起给对方施加压力，支持对方会更有用。朱莉娅靠自己满足了自身需求，她的慷慨豁达就是给自己和对方的礼物。

精神伴侣关系的核心

从希望伴侣照顾你的需要转变为自愿照顾自己的需求，这就是精神伴侣关系的核心。要获得自己想要的东西，即使知道必须靠自己，你也会感到内心力量的增强，会越来越自爱。当你获得了自我尊重和更强的幸福感时，对伴侣的慷慨付出也将成为一件乐事，因为你在付出时不会有怨恨。

独自行动是一种精神实践，因为当你这么做时，你将朝着彼此联系而不是分离的方向前进。你的真实自我也将得以显现，你对自我能力的觉悟也将提高，这样的你定然是幸福快乐的了。

独自行动的两大重要准则

在与单身者及夫妻合作的这些年来，我发现在采取单边行动时，以下两大准则至关重要。

当内心出现矛盾时，不要独自行动

当你内心出现矛盾，特别是你的行为对他人有影响或者你的行为被反对时，最好不要独自行动。只有当你觉得“毫无商量余地”的时候再采取这个爱的行动。如果你不确定自己想要什么，可能这时候你该支持伴侣更为明晰的愿望了。否则，如果断然采取行动的话，你会意识到自己可能犯了错，伴侣也会表达对你的不满。另外，如果你能将独自行动这一爱的行动用在其他真正重要的事上，它对你产生的影响更大。

既要换位思考，又要坚决果断

当你要独自行动完成那些你认为可能会让伴侣不开心的事时，如何告诉伴侣你的打算至关重要。你必须始终使用这两个步骤：第一，表达对伴侣立场的理解。第二，明确表示不会放弃自己的立场。换句话说，就是既换位思考又坚决果断。换位思考时要尽最大的努力照顾伴侣的感受；当你坚决果断时，就要照顾好自己。

例如，曾经不顾丈夫反对去纽约旅行时，我说：“我知道这给我们的经济状况带来了压力，也明白这笔花费让你感到不舒服。对此，我感到抱歉（换位思考）。但我很清楚，如果错过这次旅行，我会崩溃。这似乎是我遇到的最重要的机会之一。我已经决定要去了（坚决果断）。”

大多数人要说出换位思考的话都会觉得不自然，所以记住几句套话会很有用，或者先在这一页做个标记，这样每当你想要独自行动时，你需要有同理心和果断，你就可以准备好这些套话。以下是一些有用的表述。

- 我不怪你有________________这种感觉。如果我是你，我也会这样，但我很清楚我需要为自己做这件事。
- 我知道你对此并不满意，我真的很抱歉，我不是有意要这么做的，但我很明白我需要为自己做这件事。
- 我同意你对________________的看法。这让你不愉快我很难过。但在我的内心深处，我知道如果我不这样做，我无法安心。这对我自己的精神成长非常重要。

记住，你不需要说服伴侣来认同你。如果伴侣生气了或者试图改变你的想法，不要反驳回去。继续换位思考，并表达坚决果断的态度：“你心情沮丧我不怪你，我能理解。但这件事对我来说非常非常重要，我一定得这么做。真的很抱歉你不喜欢这样，但我必须尊重自己内心强烈的需求。”

伴侣的回应

当你独自行动时，伴侣会有回应的。

出人意料的是，伴侣的回应往往是积极的。大多数人都想和既有能力又独立的成年人结婚，也喜欢那些被认为是有责任感的人。你那因日益变强的精神力量所散发出来的果断和明确可能会吸引伴侣。尽管你所做的事情会让伴侣暂时生气，但从长远来看，你的伴侣很可能会被你内心的平静和幸福所吸引，因为你清楚地知道自己想要什么并且愿意关心自己。

某些情况下，伴侣可能会因为你表现出来的独立而不安。独自行动看上去似乎是突然的变化，伴侣根本没想到，也不知道如何回应。特别是伴侣已经习惯了在这段关系中掌握控制权，或者一直以来你都习惯默许伴侣的行为，故而一旦你这么做可能在对方看起来带有威胁性。因为你打乱了一个原本建立起的关系模式，这时你们都会困惑、不安一段时间。

不要因此就放弃了。不要和伴侣争吵。还记得蒂娜和马克斯争论开新车的事情时她说的话吗？她说“你考虑一下”，然后就搁在一边，不再“谈论”那件事。继续换位思考并且表现出坚决果断，坚定自己的信念，日积月累，伴侣很可能会尊重你，然后你们都会更加习惯这种正在形成的新关系模式；伴侣也可能会生气，伤害你或试图控制你。对于伴侣的第二种反应你不用负责，也不必去修复。你要做的只是换位思考，并展现果断坚决的态度。

绝大多数情况下，在独自行动时，你会解决掉对你们来说都棘手的问题，这一点会让伴侣感激你。大多数情况下，你的需求会得到满足而且压根不会打扰到伴侣。事实上，你的决定对伴侣和你自己都有支持作用。

有一天，一位男士在没有带妻子陪同下而是自己来参加了我的全天候研讨会。他和我谈了些事情，其中关于他所吸收的有关精神伴侣关系的信息量让我印象深刻。他告诉我：

我和妻子在去教堂的事情上有些矛盾。她希望我每个星期天和她一起去，但是我知道我根本不想去教堂。而且我们都深信只要我们聊得够多，问题就会有解决办法，但是我们都筋疲力尽了。

当我听到你说足够的交谈并不能解决问题，以及不必解决所有问题就能幸福时，那种强烈的如释重负的感觉让我记忆犹新。这个观点很有道理，因而我感觉内心很放松。

我决定独立行动，而且我对自己的选择非常果断。因而不再只是在星期天早上闲逛，而且总是会暗示她我可能会和她一起去。当然，每个星期天的早上，我还为自己计划了些事，例如去远足，去艺术博物馆，或其他确切的活动。

我知道自己的心情会变好起来，但令我惊讶的是我的行为对她所产生的影响。我们不再争吵，她也没再提过这件事，问题消失了。突然间，这不再是个问题，而是生活的事实，我们都适应了。

我从来没有告诉过妻子我的“策略”，也从没有告诉过她我在研讨会上学到的东西。对我来说，这个实验很有趣。当然，很明显我们现在相处得更愉快了，但我们并没有谈论为什么。

独自行动能解决两个常见的婚姻问题

夫妻中最常见的两个问题是：“伴侣不够深情、不够友爱，夫妻之间的温柔接触不够。”“伴侣把我所做的事当作是理所应当的。我没有得到足够的赞美和感激。有时我甚至觉得伴侣并没有注意我所做的事情。”

当独自行动时，这两个问题都将不复存在。

渴望更多的关爱

假设伴侣没有给予足够的关爱。你可以靠自己引发这种感情，进而解决问题。一位研讨会参与者在和我们共事一年多后告诉我：

> 多年来，我一直为我们不是一对关系亲密的夫妻而感到难过。之前我有过一次婚姻，我的前夫总是抓住我抱着我或热情地吻我，我很喜欢。我们走路时会牵着手，看电视时会搂抱在一起。不幸的是，我现在的丈夫是个酒鬼，之前那些亲密的事都做不到了。所以我很怀念以前的那种感觉。
>
> 在你的建议下，我开始自己制造这种亲密接触，鲍勃的反应很好。现在，我们是一对非常有爱、关系亲密的夫妻，但都是我在主动做这些事。但我很享受这一切！一旦我不再认为如果不是他来做就没有意义时，我想要的一切都开始有了。现在，我们已经习惯了在早上分开之前亲吻对方，如果晚上睡觉前我忘了，他会过来吻我！

这件事的关键点在于这位女士“不再觉得如果不是丈夫来做的话就没有意义”。当触摸、拥抱或亲吻丈夫时，她的行为不带任何评判，没有怨恨，没有讽刺意味。当你表现爱意时，这一点始终非常重要。你要优雅、慷慨地去做，就像赠送不带附加条件的礼物一样，没有责备，也不期望伴侣会改变。

有一种表达感情的方式非常有效但未被充分利用，那就是免费赠送的、不带任何苛刻条件的微笑。无论何时待在一起，仅仅看着伴侣，对他/她微笑，然后转移视线就够了。不要求任何东西，也不必等微笑的契机。只要看着伴侣的眼睛，朝对方微笑就好。可以是会心一笑，可以是表达“我感觉开心”的微笑，可以是扬起眉毛的大大的微笑，或只是微微一笑。可能会有一点点眨眼的动作，也可能没有。读到这儿，就多练习一些不同类型的微笑吧。

你任何时候都可以对伴侣微笑，这样的微笑就像一份小礼物一样，可以在聊天时，或在厨房忙时，或正要上车时，或和孩子玩时，或一起乘地铁时。当你心情好时，你可以用微笑来表达自己的开心。或者，当你沮丧或紧张时，可以微笑一下，就像一种小小的“假装”的行为一样。这不仅是给伴侣的礼物，也会让你感觉很好。它是免费的、合法的、健康的、无害的，不需要额外花时间。

自发的、不需要特殊理由的暖心微笑也是实现精神上相互联系的方式。无论周围发生什么事，它都是靠独立采取行动来打造和谐氛围的所有强有力的方式中最简单的一个。

不要就这样简单信了我的话，试一试吧。自己去实验看看。

或许当你主动展示爱意的时候，伴侣的反应并不热情。试着不要对此做出任何评判，不要认为伴侣没反应是针对你的，因为他/她只是在做自己，虽然这对你来说可能是个挑战。你要继续温柔地展示爱意，但要保持在让伴侣感觉舒适的范围内。作为精神上的领导者，你的任务就是尽可能地同时照顾自己和伴侣的需要。随着时间的推移，必将会达到令双方都满意的水平。不过，也有可能和你待在一起的那个人，永远不会成为你想象中的那种温暖可爱的“泰迪熊类型”的人，但是却有着其他吸引你的优秀特质。想想这些，当尽可能多地表现主动性时，让你内心的欢喜保持在你觉得合适的水平就可以了。既然不能改变，那就适应吧。但只要你愿意，就继续主动地引发爱意吧。

渴望得到肯定、赞美和表扬

独自行动也能让你得到你所渴望的口头肯定。参加研讨会的人总是对此持有怀疑，会花很多时间来模仿这一行为（独自行动），并且还觉得这么做好像是件荒谬的事情。但你只需认真尝试一次，就会上瘾。在我自己的这段关系中我一直在采取这一行动。

假设伴侣从没评价过你的外表、你的厨艺、你对孩子的培育、你的慷慨或者任何你觉得自己做得好的事情，而且把你全部的优良品质都视为理所当然，从没想过提及一下这些方面，你也不要气馁。

解决办法其实非常简单：当你们俩独处时，就说一些自我肯定的话，如：

- 本周末我给两辆车都换了机油，能紧跟车辆的状况这件事，总是让我感觉很好。
- 我觉得这个聚会办得很好。我喜欢这些蜡烛，而且这桌子看起来很漂亮。
- 我喜欢我身上穿的这件衣服，颜色很好，也显瘦，不是吗？

你甚至不需要以问题结句。因为你的伴侣可能会回答：“是的，你说得对，桌子确实很漂亮。”或者：“这件裙子很可爱，你穿着很美。”甚至回答得像标准答案一样："亲爱的，你一直都很好看。"即使对方根本没有回应，你也已达到目的了，即让伴侣加入进来承认你所认为好的事物。

另一个方式是把你从他人那里获得的赞美告诉伴侣："你知道，今晚确实还有其他几个人也认为这个桌子很漂亮。这让我心情很好，因为我花了很多时间在上面。我真的很擅长这种事情。""是的，亲爱的，真的是这样的。"你的伴侣可能会这么回答。

有时，我们认为男性很少或根本不会口头上肯定某件事。两性专家告诉我们，男性大脑中有个部位会产生情感但不会说出来。我发现，当我问我的丈夫迈耶是否欣赏我所做的事时，他说很欣赏，还很惊讶我并不知道这一点。他确实心里这么想，但这种想法并未完全传达到大脑的语言层。

但根据我的经历，女性在口头赞赏方面做得也不够。当丈夫做了他的工作时，无论是什么，我们不会说任何话。毕竟，这是他应该做的。

男性经常通过自己的能力、可靠和体贴来表达爱，而且希望这些品质得到认可。他们喜欢别人赞赏自己所做的日常事务，特别是当这些事对家庭有益时。

因此，无论男性、女性，都有必要学会当着爱人的面赞赏自己的成就。通过独自行动这一重要方式，你能获得你所渴望的口头肯定。

有位男士曾跟我说：

唐娜的母亲要来，为了陪岳母我还费心调整了工作时间。但唐娜从来没有跟我说过她母亲会来这件事。要是以前的话，我可能会气愤、不高兴。但我尝试了"独自行动"这一方式，我只是随便告诉她我做了什么，她却非常感谢。我原本以为她不会注意到我做了什么，因为她很专注于其他的事，事实上她察觉到了并对我表达了谢意。

当有人不由自主地称赞你时，你会感觉很棒。但是没人这么做时，你会生气难过吗？会跟朋友抱怨吗？会一直感觉失落吗？还是会让自己独自行动，找到满足自己需求的方式，从而让你的生活和其他人的生活更加美好？

当你独自行动、独自满足这些需求时，你就不再会感觉缺乏他人的喜爱或口头肯定了。试试看吧，你会明白的。

不要忽视自己的强烈愿望

我有个朋友，她的工作是为商店橱窗和贸易展举办大型展览。她很有创造力，也喜欢这种大规模的工作。她最崇拜的英雄是艺术家克里斯托，他创造的艺术作品都是建筑物大小，甚至是整个乡村或岛屿。

一天，她听说克里斯托正在征集志愿者帮助他装饰柏林的德国国会大厦。她被这个机会深深吸引，这是一个几乎超出她想象的惊喜，太让人意外了，她从没想过还有这样的机会，她很激动，全心全意地想要做志愿者。

但她的丈夫很反对。

她想靠自己来实现自己的想法，先是卖了一些家里的珠宝来支付旅费，再是请姨母照看孩子。志愿者任务结束后，她高兴地回了家，像变了个人似的。她的梦想终于实现了。

后来，她的丈夫明白这对她来说是正确的决定，也为她感到高兴。

另外，我认识一位现年 91 岁的女士，她 20 岁时就开始在家做珠宝生意。她了解宝石，还曾前往纽约去购买宝石。27 岁时她结婚了，她的丈夫接管了生意并决定卖一些更便宜的服装、珠宝，而我的这位朋友却再也没有做过珠宝工作，她的工作就是待在家抚养孩子。她这一生都在抱怨自己不被允许追求梦想。现在，我们都会问:“为什么她不离开去创办自己的珠宝事业？为什么她不坚持接管‘家族’业务的一部分，开一家高级珠宝店？”当然，这些年来所有这一切都发生了，女性在各行各业大放异彩，但仍然很少有人支持女性在婚姻中“独自行动”。或许，在某种程度上，她也从未真正意识到这些都可以是她的选择。多年来，她的婚姻一直被怨恨毒害着，而且她从未想过独自行动会让自己的梦想成真。

正如精神科护士罗珊·帕卡德所说:“没有什么比后悔更能致癌了。”她把深刻而强烈的欲望叫作“生活议程项目”。她说:“婚姻绝不该阻碍你实现人生梦想。”“你只是结婚了，但是并没有放弃最初的渴望。”

如果你有对你来说真正重要的“生活议程项目”，那么就主动采取行动去实现它吧。不要等着别人来支持你，自己去实现。知道自己内心想做什么真的是一种福气，但不去做的话就是一场悲剧。

不管是日常小愿望，还是“生活议程项目”，都是同等重要的。独自行动能够以小愿望来锻炼独自行动这件事，并且愿意为你生命中真正重要的梦想而努力奋斗。

独自行动是一种很强大的爱的行动。

独自行动能够使关系实现平衡

一旦你掌控某种情况并且不再依赖伴侣实现你所追求的结果时，无论这个结果是小愿望还是“生活议程项目”，你都将会更好地掌控自己的生活。

此外，这也是给伴侣的一份礼物，因为你将生活中可能陷入困境的区域解放了出来。通常情况下，伴侣会很高兴看到你变得更快乐、更独立，甚至很开心看到你实现了人生梦想。

想一想你可以怎么果断地去做自己真正想做的事情，怎么可以不依赖伴侣而积极主动地满足自己的需要。

正如歌德所说：“无论想做什么，现在就开始吧。”

当底线被触犯时要表明立场

我们之前提到过，试图说服伴侣改变是解决不了问题的。这种策略永远不会奏效，也不尊重伴侣。

但是，有时需要让伴侣知道他/她的行为触犯了你的底线。当伴侣做了一些打破你底线的事情时，你要表明立场。如果你不顺从，伴侣不能对你大喊大叫、操控你、忽视你、对你粗鲁或是对孩子太严苛，当然也不能虐待你。你可能无法改变伴侣，但可以照顾好自己。而且，如果想获得精神上的成长，你必须照顾好自己。

实验 16　独自行动

1. 回顾自己在“实验 1”中所列出的问题，看着每一个问题，思考一下“有没有什么办法可以通过独自行动来解决问题”。如果有，请尝试一下。

2. 在独自行动之前，请试着主动展示对伴侣的爱意。之后，在日记中记下进展情况。

3. 想想你希望伴侣注意和欣赏的关于你的事情，下次看到他 / 她时，就自己赞赏这些事。之后，在日记中记下发生的事和你的感受。

4. 现在或明天，对伴侣笑一笑，不带任何需求，也没有特别理由，然后把目光移开。如果喜欢这么做的话，就别忘了偶尔做一次。

5. 在日记中，制订一个愿望清单，可以是微小的目标，也可以是伟大的“生活议程项目”。用星号标出“生活议程项目”，或将其单独放在列表中。

想想需要做什么才能实现清单中的每件事？如果发现有些事是你不愿意等待的，那是否可以立刻行动起来？

记住，如果你都不关心自己，谁会来关心你呢？

如何应对发脾气、愤怒、暴力

克里斯塔的丈夫弗兰克很聪明，他经营着自己的航海设备商店。他喜欢读书，而且懂得很多知识。克里斯塔喜欢他的所有品质。但弗兰克脾气很暴躁，有时对妻子和 2 个女儿（我见到她们时她们分别是 9 岁和

12岁）也很挑剔，而且自以为是。他甚至会抓着孩子，摇晃、吓唬她们。弗兰克的突然爆发让克里斯塔感到非常不安。虽然她会反击，但从没有和丈夫打成平手过，丈夫总是会“占上风”。有时冲突爆发后，他们三四天都互不理睬、冷战。最终，克里斯塔会做出了主动求和的姿态，生活暂时会好起来，直到丈夫再次爆发。

克里斯塔刚加入我的一个团队时，非常绝望。她说：“我想做些什么，但不知道怎么做。”

某种程度上来讲，是克里斯塔在允许这种爆发持续发生，因为她不知道怎么告诉弗兰克她忍受不了。所以，不仅整个家庭持续不安，她的自尊心也受到了影响，她开始相信自己是个没有能力的人。当你日复一日地感觉自己是一个无法忍受的局面的受害者时，就很难自我感觉良好。

那么，克里斯塔要如何在这种情况下表明立场呢？

以下是一系列表明立场的方法，能告诉伴侣自己已经达到了忍耐的限度，你不会再允许自己被这样对待。

步骤一：准备表明立场

1. 如果感到害怕或不愿采取行动的话，就找朋友或愿意支持你的人来帮你。不要试着一个人完成，在整个过程中，要和你的朋友保持密切联系。

2. 你将要做的事情很难，这得承认。你可能会害怕，害怕伴侣的反应，害怕不能圆满完成，害怕结果，这很正常。但是你得清楚，你不必等恐惧消失后再采取行动。感受内心的恐惧，无论如何你也要表明立场。勇气不代表你的内心没有恐惧，而是一种敢于在恐惧下采取行动的能力。

3. 明确你想向伴侣表达什么。表明立场，并不是要求伴侣改变。当然，你也不愿意协商。所以，你必须清楚自己的计划。

如果你要声明的是你将改变自己的行为，那么事情就更容易了。例如，小组中的一个男人只是告诉妻子周四晚上他将不再和她一起参加舞蹈班了。他意识到自己的行为被控制了，而且不想继续这样。所以他采取了独立行动，这样既换位思考了，又果断坚决。

更困难的是对伴侣所做的事情表明立场。这种情况下，你的“立场”包括两部分：不愿再忍受什么；如果事情再发生，你将怎么做。

步骤二：考虑后果

表明立场最难的就是要弄清楚：如果再发生这种行为，你会有什么后果？

在这一点上你必须有创造力，你可以与一些朋友集思广益。如果你还没准备好离开对方，那么考虑后果可能是个挑战。

弗兰克对孩子表现出的愤怒和暴力，是克里斯塔的底线。所以，她告诉弗兰克，如果他再暴力对待孩子的话，她就会让相关工作人员过来和他们谈谈。（之后，我会告诉你这个方法的效果。）

另一对夫妇苏和里克长期都在因为苏不想找工作而发生争执。他们都认同苏要有份收入。但其实苏已经花费 2 年时间在网购业务上了，尽管这实际上耗尽了他们的资源，但她也不想放弃，不想回到真正的工作岗位。里克告诉苏，如果她在 3 个月内没有找到工作，他就会再找一份工作，每天晚上都不回家。苏很享受里克和她一起的夜晚，而且在照顾孩子方面也很需要里克的帮助。如果里克做两份工作，苏知道自己将难以忍受内心的愧疚，里克所说的后果在苏身上起作用了。

以下是夫妻间想出的一些后果：

- 如果你把报纸扔满屋子，我将停止订阅日报。
- 如果你不把脏衣服扔到脏衣篮里，我将不再洗衣服。
- 如果你晚饭后通话超过 45 分钟（双方已经协商好不再这么做了），我将断开手机网络。
- 如果你再说批评性言论，连续 10 天（工作日）我每晚都会和朋友出去。
- 如果天气转暖 6 周后你还没把屏风装上，我会请人来装。
- 如果你再吼我，我会去找理疗学家看看（尽管他们都觉得负担不起理疗的费用）。

步骤三：表明立场

1. 你想给伴侣写封信，想着对方会当着你的面读出来，然后你们再讨论，还是以口头的形式直接和伴侣说清楚？把自己的底线写在信中的好处是你能明确地表明这件事很特殊，你是认真的，同时也能避免谈话时可能会出现的胆怯或模糊不清的情况。但无论口头还是书信的方式都有效。

2. 无论是写信还是挑个时间口头表达，都要从积极的事开始。即使只是一句“亲爱的，你知道我是爱你的，但有些事我需要告诉你”也很重要。如果具体一点就更好，例如：“亲爱的，花园很漂亮，这让我开心了很多，你真的太好了。”或者：“非常感谢你昨天带孩子去看电影，你很体贴，我很感谢你。”不过，像这样积极的话，你也不一定非要说出来。只要确保在最近某个时候，你已经表现出亲切，或者对伴侣说过很友善的话就好。如果你在一开始就有意打造充满爱的氛围，那么困难的话题也会变得更顺利。

如果人们先听到好消息，就会更容易接受坏消息。不要跳过这一步，就这么做吧！

3. 不论是口头表达还是写信都只用"我"的陈述，要完全避免"你"的陈述。永远不要说："你对孩子太严苛了，你总是发脾气。"而是说："你再打孩子，我就不会袖手旁观了。我的忍耐已经到了极限。"

4. 简单表明自己的立场。不要给出详细的解释，不要把过去的事扯进来，不要说明理由。伴侣可能会和你争论理由，要求你解释，然后整件事就会偏离轨道。例如，如果克里斯塔说："你发脾气，对孩子来说太严苛了。"那弗兰克可能会说："不，不是的。规矩对她们来说是好的。"但解释并不是重点。弗兰克要知道的是：无论是什么理由，克里斯塔都不愿再忍受他的爆脾气了。你并不亏欠伴侣，你有权表明立场，而且说得越简单就越有力。通常，不管是书信还是口头陈述都只需要几句话甚至只需要一句话就好。

5. 当你表明立场时，伴侣会以某种方式回应你，或愤怒，或防御，或恳求，或沉默。

请记住，你不必对伴侣的反应负责，不需要让伴侣心情变好。伴侣难过也不是因为你，你只是在做对的事，专注于这一点。正如之前所讨论的那样，既要换位思考又要坚决果断。你可以表达真切的关心和理解，例如"如果我让你生气了，真的很抱歉"，或"你心情不好，我不怪你，我知道这对你来说非常难"。但是绝不要试图"修复"伴侣的痛苦，或者归咎于自己。你不可能既是患者又是医生，你能为伴侣做的最有爱的事就是在坚定自己立场的同时理解伴侣的感受。

6. 如果你要在非常危险的事情上表明立场，请考虑咨询一下专业人士。如果存在虐待或财产破坏，可以让警察“待命”，因为你要让伴侣知道你不会再容忍这些虐待或破坏行为了。如果你是名女性而且害怕表明完立场后丈夫会变得暴力，请给相关组织打电话，经验丰富的人将会指导和协助你。

再访克里斯塔与弗兰克

让我们回到克里斯塔和弗兰克的事情上，看看当克里斯塔说完如果弗兰克再虐待孩子她就打电话给相关组织的工作人员后发生了什么。因为克里斯塔之前在这件事上从没和弗兰克表明立场，她只是哭，只是表达自己的不开心然后便撇清关系。所以，她的这个表现吓坏了弗兰克，也让他意识到她是认真的。有一段时间，她的这些话似乎取得了预期效果。但不可避免的是弗兰克又发脾气了，而克里斯塔毫不犹豫地给相关组织的工作者打了电话。这起作用了，她加入了周援助小组，每周都会被教导或提醒她需要去做一些事情。

相关组织工作人员约定好去拜访弗拉克和克里斯塔。但弗兰克找了个借口没有出席，而克里斯塔却从工作人员那里学到了很多保护孩子免受弗兰克坏脾气的其他方法。之后，这些工作人员还去弗兰克工作的地方找过他。一段时间过后，弗兰克同意参加县里举办的消除怒火研讨会了。

一旦你有了计划，下次事情发生时，必定会有直接又必然的结果。

如果你犹豫片刻，或者当伴侣同意再努力尝试一下然后你就让步时，那么你就还没有表明立场。不过，没关系。因为表明立场是一件全新的事，可能需要一段时间才能掌握。请记住，在精神力工作中，相较于目的地，我们总是对旅途本身更感兴趣。如果你因为任何结果而想要“临阵脱逃”的话，不论什么原因，都要记住，这只是个实验。回过头来反思一下自己的行为。不要评判自己。你已经尽力做到最好了！一定要看看从这件事中你对自身有什么了解。不仅仅是通过经历学习，还要通过经历之后的反思来学习。在日记中写下来，然后和朋友聊聊，之后再次向伴侣表明你的立场。

实验 17　表明立场

伴侣有没有做任何你再也忍受不了的事?

仔细遵照上面的步骤来表明立场。

请记住，没有你的顺从，伴侣无法“侥幸逃脱”任何行为。找出打破这种恶性循环的方法，行动吧。

独自行动和表明立场是夫妻关系中自己照顾自己的基本方法。如果你不愿关心自己的需要，那么整个精神伴侣关系就会崩溃，因为人不能在不填满自己的“杯子”的情况下无休止地付出。独自行动是找出自己在关系中缺失部分最直接的方法,进而找方法填补这个漏洞。当你越强大、越自立时，你对这段关系的贡献就越大。

如果你从来都不是一个坚强、自信的人，或者在你生长的家庭中你的父亲或母亲是个怯懦、不自信的人，那么独自行动这一方式将会为你提供一个陡峭的学习曲线，这对你来说可能并不自然或并不简单。

但没关系。精神层面，重要的是朝着正确的方向前进，而不是直接到达目的地。你要做的就是坚持自己。慢慢来，搞清楚你在哪件小事上没有坚持自己以及你在哪些小事上独自采取了行动。这是个人精神成长中重要的一面。当你不再责怪伴侣而是自己采取积极的行动时，那种美妙的感觉是难以置信的。你会感受到更多的内在力量，你会行动起来的。

第八章

练习接纳

当伴侣身上有些让你不喜欢的行为特质时，你有两个选择：一是对此感到不安并且努力让伴侣改变；二是接受并发现自己和伴侣身上可喜的变化，或许这会让你很惊讶。

第二种选择是精神上的选择。

如果你想改善关系，第二种选择也是最有效的，因为人们在有爱的、支持的氛围中才会改变，而不是在批评、抱怨或有所要求的氛围中改变。

接纳是改变的开始

阿曼达多年来一直试图让丈夫在周末娱乐活动时做一些不同的事。如果她和丈夫说她想要什么样的改变的话，可能丈夫会试一两次，但最后还是转而沿用原来的老办法。阿曼达有种错觉，那就是如果自己能在恰当的时间用正确的话语解释自己想要什么的话，她就可以让伴侣明白她提出的方式有多好。所以她一直温柔地、耐心地这么做着，不屈不挠。

有一天，一位朋友对她说："你嫁了个很会讲故事也很会跳舞的人，同时也是个很好、很慷慨、很会做生意的人，但我猜你应该没遇到过卡萨诺瓦这样的浪漫男子吧。"

这句不经意的话却让阿曼达茅塞顿开，就像灵感涌来一样。她突然意识到或许自己可以放弃追寻周末娱乐活动中的不同花样。或许她可以接受丈夫本来的做事方式。或许她可以不再要求有不同的结果，而是接受自己所拥有的。虽然心情有些低落，但不用再"努力"去寻求宽慰，这也弥补了失去的感觉。

她面临的不是"问题"，只是"现实"。

阿曼达的生活发生了很大的变化。她让自己体验正在发生的事情，而不是凌驾于真实体验之上，因此得到了全新的自由和快乐。她惊讶地发现，其实是自己让他们的生活蒙上了阴影，因为她没有接受自己所拥有的，而是基于判断去试图"改善"情况。

接受并不意味着你必须喜欢，只是意味着你不再与它抗争，意味着不再追寻不同的结果。你以有爱的、接纳的方式对待伴侣的能力，无论如何，都比任何策略或沟通都更能实现积极的转变。

想想关系中存在的矛盾。例如，玛西亚认为托德太消极、悲观了。

玛西亚用两个基本方案来解决这个问题：一是帮助托德成为不那么消极的人；二是接受托德的做事方式，找到适合他的处理消极情绪的办法。

“应对”伴侣

某种程度上我们已经讨论过方案一了。如果玛西亚试图和托德商量让他不要那么消极，不管玛西亚劝说的态度多温柔：

- 她只是在将自己定义为对的，而将托德定义为错的。
- 她是在制造矛盾和不安，而不是和谐。
- 她是在给托德传达一个隐含的信息，那就是他不好，如果他能改变，她就会更爱他。
- 她让托德觉得她很难接近。
- 她总会无意中唤起托德的抵触情绪而非配合。换句话说，恰恰是因为她的批评，托德的消极情绪才更可能持续下去。
- 她不可能解决问题。

当然，尽管存在缺陷，但方案一仍然是世界上应用最广泛的解决问题的方式，它是第二阶段关系中的常用策略。

接纳伴侣

方案二就是接受伴侣真正做事的方式，接受你不喜欢的行为，接受伴侣身上你无法改变的特征。你要知道，当你爱上一个人时，你就爱上了这个人的全部，你无法归还或交换其中的某一部分。

接受伴侣比试图改变伴侣要好得多。当你接受伴侣时：

- 你就会专注于自己的精神成长，把“问题”本身视作构建内心平静、培养爱和宽容能力的机会。
- 你会在自己内心创造平静。（然而厌烦伴侣则会引发无尽的痛苦。）
- 这是你为表达对伴侣的支持所赠予的珍贵礼物，那就是跟他 / 她说

“我接受你。你不必为了变成一个“好人”而改变。”

- 你将积极创造和谐的关系，而避免不安。
- 通过“培养新的意识”来“战胜”问题，而非假定自己可以用聪明的方式来“解决”问题。
- 或许最重要的是，你将会创造一种氛围，在这种氛围中，真正的转变很可能会发生。（例如，托德的消极情绪会慢慢平息下来。）

再次强调，接受并不意味着要喜欢，也不意味着你要赞同或尊重，只是意味着你不再抗争。你将不再浪费宝贵的精力来抗争那些你无法靠自己的意志改变的事物。你会慷慨放手，让一切顺其自然。因为，伴侣不太可能改变其根深蒂固的特征。但如果你接受这些的话，久而久之，那些你讨厌的品质将不再是问题，事情就会改变，你的接纳就发挥了作用。

来看看另外一个例子，多年来的纠缠没有产生效果，但接受引起了改变。梅雷迪思和山姆结婚5年，他们在一起的大部分时光都是非常开心的。但梅雷迪思来找我时，却非常苦恼。每当他们和朋友相聚时，山姆总是用粗俗的幽默来打断别人的话。她和山姆谈过这件事，他也同意改，但从未做到过。梅雷迪思显然有这样一种错觉，那就是如果自己能选择正确的话语、找到有效的办法就能告诉萨姆他的习惯多么烦人，对方也就可以明白她的想法然后不再那么做了。所以，她希望我能帮她找到和山姆沟通的方法。

但是，我对她说：“如果山姆永远不明白你的想法，怎么办？如果他永远这样，老是用老套的幽默打断别人，怎么办？或许他永远都不会成为你所期望的亲切的社交人士。”

这个想法令梅雷迪思很震惊。我们谈论了一会儿，在我们谈话的过程中，我能看到她有了些变化。她叹了一口气，甚至自嘲起来。“天哪，”她说，“或许他这个特点不是太糟糕。”这是什么情况啊！

又过了几周，她告诉我，她肩膀上的重担大大减轻了。有几次聚会的时候，她注意到其他人显然不觉得山姆很烦人。或者就算别人觉得他烦人又怎样呢？她意识到这不是她的问题。她还和我说：“我在聚会上玩得更开心了。我意识到把标准置于山姆身上反而是在折磨我自己。现在，这一切都不存在了，我让山姆做自己。有时他讲笑话，我也会发笑，他也喜欢这样。在家里他也让我拥有了更多的欢笑。实际上，其实是我在妨碍我们玩得更开心！就算再过一百万年，我也猜不到问题出在我自己身上。”

大多数人没有意识到的是，只有接受了才会有改变。你抵抗的事物会持续下去，因为它有自己的生存根基。只有当你接受某些事时，才能调动能让你或事情本身发生改变的环境。让我们更详细地了解一下这个鲜为人知的事实吧。之后，我们将详细探讨如何在夫妻关系中学会接纳。

精神伴侣关系中的改变是如何发生的

接受一个人做事的方式，并不意味着这个人永远不会改变。恰恰相反，尽管听起来有些矛盾，接受无法改变的事通常是发生深刻而真实的改变的开端。

要理解接纳为何是转变的起点，就先从其对立面开始审视吧。

批评所产生的影响

正如我们所知道的那样，当你试图说服某人改变时，对方可能会有所抵抗而且不太可能改变。接下来我们将仔细说明为什么这么说是正确的。

让我们回到本章开头的那个例子，玛西亚一直试图说服托德不要那么消极。

托德天性消极。消极和悲观就是他之前戴着的“面具”或采取的防御措施，这能给他带来控制感，消极是保证安全的方式。在某种深层的、无意识的层面，托德相信消极的世界观是他生存的必需品。威胁他的消极性，就是威胁他的生存。对我们来说，消极的情绪似乎不正确，但对托德来说却是对的。

因此，托德为保护其消极性而抗争是完全合理的。当玛西亚指责他的消极情绪时，他的反应反而是进一步强化这种情绪！因为他相信自己的生存取决于这种情绪。

在我早期的精神成长历程中，我也有过类似的经历。作为一个孩子，我肯定因为我灿烂的笑容、开朗的态度而受到过很大的鼓励。所以，不知何故，我觉得微笑等于生存。疑惑时，就微笑；遇到麻烦时，就微笑；感到脆弱时，就微笑。成年后，有人告诉我，他们觉得我一直以来的笑容不真实。我惊呆了，心烦意乱！现在，我明白，从某种程度上来说，试着过一种没有微笑的生活让我觉得可怕，我感觉自己好像要消失了，这种恐惧是毫无道理可言的。我记得自己曾试图不去微笑，就当是个实验，但是我很惊慌所以无法继续下去。因而我再次微笑了起来，但是这次更坚定了。

我那假笑式的笑容正在以极大的热情为自己的生存而斗争。在某种程度上，我相信我微笑的习惯是生存的关键，不通过微笑战胜恐惧，我就会“死”。

这听起来可能有点儿荒诞，但我保证，真的是这样。

心理学家哈维尔·亨德里克斯解释了生理上的深层生存本能。他说大脑分为两个基本部分，即“旧脑”和“新脑”。“旧脑”将我们与地球上的其他生物联系起来，因为“从爬行动物到哺乳动物，所有的脊椎动物都具有这一部位的解剖学特征”，“旧脑”也将我们与地球生命的发展史联系在一起。

> 你并没有认识到“旧脑”的大部分功能……科学家……告诉我们“旧脑”的主要作用是保护自己。就算处于警惕的状态下，“旧脑”也会不断地问最初的问题:“这样安全吗？”……当确认安全之后,“旧脑”就会以不同于“新脑”的方式运作。最关键的区别就是“旧脑”对外界只有模糊的意识。

所以我内心是这样的：我感到自己很脆弱，受到了攻击，缺乏自信。我的“旧脑”便不合逻辑地与现实联系起来了，然后说：“这不安全！直接回到“旧脑”生存练习——微笑吧！”

同样地，当玛西亚批评托德的消极情绪时，他的生存本能就开始生效了，在他的“旧脑”中，消极情绪试图保护托德，因而就变得更强烈了。

这就是当你不接受伴侣身上你所不喜欢的品质，而去批评他们时所发生的事情。

现在再来看看练习接纳时会发生什么吧！

接纳所产生的影响

托德做了个消极预测。因为之前玛西亚会说:“又是这样，你又消极了。想想积极的一面吧。你太悲观了。”诸如此类的话。

但现在，玛西亚接受消极言论是托德的一部分，所以她说“是的，这样可能不好”，或者“你或许是对的”。就这样，没有其他的了。没有导致沮丧，也没有引发争吵，托德的潜意识认为自己被认同了。他获得的认可越来越多，被玛西亚接受的也越来越多，或许其“旧脑”中保护消极行为的意识就会减少。

托德永远不会变得非常乐观。但是，当他在婚姻中体验到十足的爱与支持后，他的消极情绪可能不会那么强烈、那么突出了。玛西亚或许永远都不会喜欢托德的这种品质，但学会接纳的话，就能减少潜在的冲突。

更改“关系系统”

请注意，当玛西亚接受托德的消极情绪时，她自己的反应也变了。这立马改变了二者之间的状态。而且因为玛西亚变了，托德最终可能也会改变。

以下是解释：每一段关系都是一个“系统”，一个整体。“系统”中的每个部分对其他部分都有影响。因此，如果其中一个部分改变了，其他部分也会受到影响。

这就是为什么精神上的方式要比关系的第二阶段中的模式要省事一些，在关系的第二阶段中双方都必须“有所行动”，而在精神伴侣关系中，如果改变了对伴侣的反应，“系统”就会改变。

家庭疗法的“系统论”是一次革命性的突破，在它得到普及之前，我们可以采用的唯一的方式就是心理疗法，其中病理学被认为是心理学层面的。治疗的方法包括弄清楚一个家庭中究竟是谁存在问题，然后“改正”他/她。然而，家庭疗法认为并不是只有问题制造者存在异常，家庭成员之间的交流都有问题。或许儿子生气、胆怯并不是因为他心理有问题，而是因为母亲太强势、太爱控制了。家庭治疗师发现，“系统”中细微的变化会改变整个“系统”及“系统”中的所有人。

这个理论也就解释了为什么学习接纳会改善关系。

假设你所面临的问题是，伴侣对你太苛刻。我敢肯定让你以善意的态度来接受是很难的。但是，如果你能做个“大人”，学会克制，不靠指责来说出你目前所面临的问题，那事情可能就会很简单。如果伴侣从未因批评你而获得满足，他/她最终可能会把这种批评习惯带到别处，而在这段婚姻中就很少这么做了。如果你不按原来习惯的方式做出反应，“系统”就不会继续运行。

最近和克莉丝打电话时，我见证了这件事的发生。克莉丝和沃伦生活在一起半年了，他们意趣相投，在一起很开心。但是，还是存在一个问题。沃伦很难放下之前那段感情，那个女人叫马恩，生活在两千多千米远的克利夫兰。沃伦有个错觉，那就是如果能多谈谈马恩，同时赞赏克莉丝并且告诉她自己多爱她，他内心的困扰就会消失。最初，克莉丝容忍了这些谈话。但很快，她意识到自己是位有偏见的倾听者，因为她会顾忌结果，所以她觉得自己并不适合当沃伦的治疗师。因而，她独自行动，既换位思考又坚决果断，她温柔地告诉沃伦，自己将不会参与任何与马恩有关的话题。

这一决定引发了一些冲突。每当马恩这个名字出现时，克莉丝都会生气地说："我不想听。"她反抗了。但她也明白这会带来从没有过的冲突，而且也知道自己所抗拒的事情还是会一直出现，所以她又改变了策略。

> 我只是告诉他"去克利夫兰看看她吧，和她一起解决问题"，不带任何讽刺，而是真诚地对他说。他清楚自己并不想这么做，整件事也就解决了。我采用的是武术招数，顺水推舟。我没有抗拒，而是接受他本来的样子。事情本就这样，我也无法改变。

克莉丝的话让我想起了老子说过的一句话：

> 天下之至柔，驰骋天下之至坚，无有入无间，吾是以知无为之有益。

我身上以及我那不恰当的微笑所发生的事，是我开始不再去评判或者用意志力强迫它离开，而是开始注意这件事。一天，当我在一个小组中谈论一些不愉快的事情时，我注意到我在笑！这种感觉很奇怪。当我继续讲话时，我让自己不要笑，我能感觉到内心所发生的巨大变化。我感觉更放松了，同时感觉自己与所说的内容更相关了，和组内人的联系也更紧密了。在这之后，我更加密切地关注我的微笑，渐渐地，不恰当的笑容消失了，我并不是靠意志将其赶走的，而是接受了它。当我允许它存在并且开始密切关注它时，我注意到了不恰当的微笑对我来说多么糟糕，渐渐地这种微笑的习惯自行消失了，我也让自己变得更真实了。改变是自然而然发生的，不是我有意策划的。我所做的事只是关注自己的内心。

当你放弃控制时，变化就发生了

当然，大多数人都希望看到伴侣有些改变，而实现这一目标的方法就是从实际情况出发然后接受它。当你不再试图让自己控制一切时，事情自然就会有变化。当你允许事情按它们的方式自然发展并不加干预时，事情可能会朝着最好的方向发展。即使是有效的治疗性干预，也是从完全接受开始的。这就是改变的开端。

信仰意味着相信难以置信之事，否则它就根本不是美德。相信接受会带来改变就是这样的美德，这意味着相信不可信的东西。现在，你甚至想象不到伴侣身上令人不快的品质会改变。但到了现在，我希望你明白，纠缠着让对方改变绝不会达到预期效果。因此，另一种选择就是接受那令人不快的品质，找到适应它的新方式。

真正的接受是一种获得更广阔视野和提升意识的方法，这样你就能“战胜”你的问题。

学会接纳的方法

当你想要放弃控制权，接受事情本身，学习如何让改变自然发生时，这里有一些具体的方法可以帮到你。

判断这个特性是不是“破坏关系的”

你可能会认为伴侣的某些品质或行为是你不愿意与之共存的：

- 伴侣爱辱骂殴打你，或者对毒品或酒精上瘾。
- 伴侣对你不忠。
- 你想要个孩子，但伴侣不想。
- 伴侣控制不了自己的脾气。
- 你发现和伴侣在一起不会对你们彼此的精神成长有任何帮助。

人人都会在不同的地方划定界限，你也有权想在哪儿划就在哪儿划。特别是，如果你还没和对方结婚，那就睁大眼睛看清楚，时刻注意。要接受真实的伴侣，而不是幻想那个人会变成什么样。

如果伴侣有你不能容忍的特质，那么你得做个决定。是脱离这段关系，还是在这段关系中学会接受？例如，如果伴侣是酒鬼，而你接受这一点并且决定还是和他/她待在一起的话，那么你就加入戒酒无名会团体，采取明确的方法应对伴侣酗酒而家庭破碎的情况。

作家盖瑞·祖卡夫明确表明精神成长比任何誓言都重要：

> 人类所发的任何誓言都不能阻止精神成长的探索之旅。如果人这一生，随着自己的长大，精神注定也随之成长，那么誓言也必将被打破。对精神伴侣来说，只要在一起时精神都还在成长，他们就应该还在一起。

当然，如果涉及孩子的权益，也必须得考虑到。

你希望自己可以让伴侣做出的那些变化中，大部分都不是“破坏关系的”，而是那些大大小小的不同特质，这些你最终都会接受。

发现伴侣的自然属性

现在流行的性格系统，例如九型人格学和 MBTI 人格类型量表，其好处之一就是所有这些信息都有助于我们变得更愿意接受彼此。

例如，九型人格学将人的性格分为九种基本性格。类型 1 是完美主义型；类型 2 是助人型；类型 6 是担忧焦虑型。这一理论认为性格特质来源于内心深处，基本上不能改变。

研究了九型人格学的人，大多几乎是瞬间对生活中的人们有了更大的接受度。“哦，我现在完全理解我的老板了，”一位九型人格学工作室的毕业生告诉我，“他的内心深处就是对一切感到担心、焦虑。现在我明白他对我所有的核查或建议都和我无关。他要这么做只是因为内心没来由的恐惧。他属于类型 6，所以只是以类型 6 的方式行事。”

九型人格学的学生还会学习如何以最有效的方式回应各类性格的人。“对付完美主义者的方法就是验证他们的彻底性。”一位九型人格学的老师告诉我。她还说：

> 例如，一位朋友帮我筹备派对，但是因为她花了太多时间在小饰品上，我们可能没办法按时准备好。一开始我对她说，“就这样吧。别管这些气球了。随便弄些小符号就好，不必那么整洁。”但完全没用。然后我意识到她属于类型 1！完美主义在她身上根深蒂固。所以我就附和她的完美。我到她身边，说了句，“这些符号看起来很漂亮。你弄得很棒。你介意一会儿再做吗？先来帮我弄下桌子好吗？”

九型人格学非常有用，熟悉它的话能帮你理解和接受其他人（包括你自己）身上难以接受的特质。

但是，你不必为了利用九型人格学或者其他性格系统而刻意去学。因为人的基本性格特征永远都不会真正地改变。所以，无论是为了用爱和善意支持他人还是为了更好地和他人相处，我们都可以：注意他人的基本特质是什么，接受、适应这些特质。

现在，花点儿时间思考一下，列出几个词来描述伴侣的基本性格。

再想想最近令你烦心的事。伴侣是否只是在做自己？当你知道伴侣只是在展示深层次的内在特质，你是否感觉到了更多的接受和容忍了呢？

上了一节关于九型人格学的课后，杰里意识到妻子西尔维亚天生乐于助人、关心他人，喜欢向他人伸出援手，而且只有当她有办法表达这种内在需求时，她才会觉得安心、快乐。杰里觉得她太爱帮助别人了。当邻居的母亲去世时，西尔维亚在邻居家待了 2 天，帮邻居处理来电和做饭。另一边，丈夫则因为被忽视而大发脾气，她也要处理。现在回想起来，杰里觉得帮别人摆脱困境才是真的西尔维亚。当别人有难时，如果西尔维亚直接回家关心自己（或家人）的话，就完全违背她的基本特质。

我和丈夫迈耶在“随机应变和未雨绸缪”的问题上意见相左。当我试着提前 2 周安排事情时，他就会焦虑。他会说：“我不知道之后我会不会愿意那么做。”另一方面，如果不提前计划的话，我就会焦虑，因为我害怕最后什么也没做。

有一次，我们做了同样的性格测试。测试结束后我们收到的图表中有一张就说到了这种特质。我们俩的区别极大。看着这个结果，我们笑得很开心。既然已经对这一特质进行过评估，所以我们更容易接受彼此身上的特质。这一差异也制造了很多幽默，我们都很清楚我们必须想办法适应彼此，同时不背弃自己的需求。

和各种各样的性格测试表一样，性别差异的相关信息也能帮助夫妻更容易接受彼此。尽管大众媒体过分简单化了性别相关的重要研究价值，但是一些基本观点（如女性需要爱和亲近，而男性想要安全）有时可能是有用的。男性在压力下往往会退缩，而女性想要亲近，喜欢把话说透；男性会用谈话来做决定和解决问题，而女性则用谈话来表达感情、建立联系。

只要知道了解这些性别偏向有助于我们接受它们就好。我们并不是试图改变异性，因为那是徒劳的。例如，如果我想说点儿什么，只是想表达我的感受，看看我是否能更清晰地把事情表达出来，但是迈耶却还是忙着解决问题，我可以对他说："感谢你的想法，但我现在只是想把事情说清楚。"他明白了我的意思，而且也没有被冒犯的感觉。提前接受和标记各自不同的倾向有助于我们相处。

简而言之，就是寻找伴侣的自然属性。这将有助于你接纳这些特质为你所爱之人的一部分。

把你讨厌的品质当成是一种伤疤

假设你的爱人发生了一场意外，不幸留下了一道明显的疤痕。你虽然不喜欢，但也不会因此而拒绝伴侣。你会支持伴侣，并且帮他 / 她接受这难以接受的事。就把它想象成是一种身体上的残疾或疾病，这样你还会对其加以指责或要求改变吗？

深刻的个性特征就像伤疤，很难甚至不可能改变。当你在通往联系、爱与屈服的精神之旅时，你可以学习接受伴侣身上什么样的"伤疤"？

试试“假装”

要去接受伴侣身上令你恼火的事情，或许是很难想象的。例如，她总是打断别人；他从不和你一起去看你钟爱的马术表演；她是个工作狂，从不在你身边；他是个“网虫”，似乎要和电脑结婚；她动不动就发火；他总是把自己的需要放在第一位，等等。

你想要改变，因为很难容忍这些品质。

那么，先用用我们始终有用的方式吧，即爱的行动“假装一切正常”。你要“假装”能接受对方令你心烦的品质。要知道，最终起作用的是你的行为。如果你表现出自己可以接受，尽管事实并不是这样，你就明白那种感受了。实际上，你的行为才会影响你的感觉；如此一来，你才会变得更愿意接受。而且，你可以改变你和伴侣的关系，所以才会发生一些不同的事情。

吉姆对妻子黛安非常不满，因为她每个周六都活跃在专业协会中。吉姆很想和她度过完整的一天，这样就可以来个短途旅行或者仅仅在一起放松一下。每周六，他都会提这个问题，也总是试图说服黛安，跟她说那个组织只是她过去生活的一部分，而非现在的，她从中也没得到什么好处，相对而言，他们之间的关系才更重要。他每次都这么说，所以黛安每次去开会的时候他都感到既恼火、愤怒又伤心。在我和吉姆谈过接纳这一想法后，他转变了。尽管他根本没有兴致去接受黛安的行为，但他决定假装接受了。他做的第一件事就是为自己计划一场美妙的徒步旅行，当黛安去参加会议时，他就去了森林。到了下个周六，他又做了同样的事情。突然之间，他们不再争吵了。但是吉姆还是希望黛安能和他一起，事实上他也接受了这个愿望不能实现的现实。通过“假装”自己接受对方，吉姆发现自己正在接受整件事。

“我有个重大发现，”吉姆兴奋地告诉我，“引发问题的人是我，因为我没有接受黛安本来的样子。”

吉姆的这一发现很重要，值得借鉴：问题不是由一个不愿改变的人引起的，而是由一个不愿接受现状的人引起的！所以先假装自己可以接受一些烦心的事，然后看看会发生什么。

对自己说：“这不是问题，而是事实！”

正如之前讨论的那样，当你把某件事视为问题时，你就想着必定有解决办法。但是当你把某事看作是事实时，你会发现你要做的就是和它和平共处，适应它，简而言之就是接受它。

这正是吉姆在开始接受黛安周六开会时所做出的转变。吉姆告诉我：

> 我意识到我一直在努力解决问题。在我的想象中，解决的办法就是黛安恍然大悟然后放弃协会的一切。未能实现的事情越来越多，而我也感觉越来越失控了。我一直幻想着和她进行完美的对话，那就是如果我用正确的方式说出恰当的话，她就会愿意妥协。但是当我意识到自己并没有要解决的问题时，整件事情都变了。当我开始考虑适应这一事实时，我有了不同的想法。首先，我问了黛安很多有关那个协会的事情，它为什么那么重要以及她最喜欢那个协会的什么。当真正倾听时，我惊讶地发现对她来说那个协会里的社交和其商业性一样重要。当然，我也积极地开始计划自己的事，这样我就不会觉得浪费了周六的时间。

黛安告诉我，我令她最不开心的不是我抱怨她周六去社交，而是我在她喜欢的事情上贬低了她，我轻视了她和她最喜欢的事情。现在我明白了，她有权拥有兴趣，尽管我并不感兴趣，也明白了爱一个人也包括爱你并不喜欢的那部分。

当试图通过说服伴侣改变来解决问题时，你通常会有这样的信念，那就是如果能用正确的方式、正确的话语表达自己的诉求，事情就会成功，就像吉姆所做的那样，就像当梅雷迪思不满山姆的玩笑时所做的那样。你认为你们的问题是自己没能和伴侣很好地沟通。当你知道自己可以放弃对完美话语、完美时机的追寻时，那是多么令人宽慰呀！或许问题的答案就是，你永远不可能让伴侣变成你希望的样子。

或许你会因此而难过，甚至怨恨或沮丧。这都没关系。当放弃了珍贵的梦想，并且意识到你可能永远不会得到想要的东西时，这些情绪都是正常的。同时，你会感觉如释重负。不要再尝试“移山”，继续生活就好了。

对自己说：“与我无关！”

我们在爱的行动中学到的那句“咒语”——“与我无关”，在这里也适用。简单回顾一下吧。

伴侣那令人心烦的习惯如果直接针对你的话，你恐怕很难大度接受。例如，如果伴侣试图控制你，或经常对你唠叨，批评你，劝告你，忽视你，对你不耐烦，甚至大吼大叫，这可能让你觉得头上好像有只苍蝇在嗡嗡叫，因而可能很难“接受”。

这是个挑战。但记住，伴侣对其他任何人也是如此。这种行为并非专门针对你，你只是碰巧遇见这件事的人而已。

当你对自己说“与我无关”时，它会帮你记住“伴侣身上令人不快的行为就像一道伤疤；我不喜欢它，但我可以学着忍受，大度地、安静地接受，并且不做回应”。

实验 18　接受“生活事实”

1. 如果你有一根魔杖，你会怎样改变你的伴侣？在日记中列出来。

2. 现在，看看你写下来的每一点，然后问问自己：“如果永远改不了怎么办？如果伴侣一直这样怎么办？”

3. 从之前的策略中选择一个，并把它用到你想接受的“生活事实”上。当你这样尝试时，在日记中记录下来或者和朋友谈谈。

自我接纳

努力接受伴侣身上你不喜欢的特质，以此为契机，以同样的方法对自己。

自我接纳是最好的催化剂。正如我们所见，当了解并爱上真实的自我，并适应了一切最好和最差的品质时，你就会变得更平易近人，更容易获得爱。

自尊算得上是所有精神实践的终极目标。精神生活的大部分内容或许是全部内容都是关于自我接纳的。

当你接受了现在的自己，放下了想要成为或拥有其他东西的欲望，那你才真正实现了内心平静。

你本来的样子就很好

你现在的样子就很好。即使你锻炼得不够，即使你没有你希望拥有的财富、地位或工作，即使你对自己的婚姻有疑虑，即使你伤害或拒绝过某人，你还是很好的。你无法改变现实，只能要么抵抗，要么接受。无论多么不合意，接纳都是实现内心平静的唯一途径。当拒绝接受自己真实的一面时，就会让生活更艰难，而且你所拒绝接受的都将一直存在。

接纳自己并不是要让你处于完美状态以便更容易接纳自己。例如先努力减肥、中彩票、建一所梦想之家、爱上一个完美的人、成为行业中的佼佼者，然后接纳自己。不是的，接纳自己意味着接受此时此刻的一切："这就是我的样子，这就是我的生活。"不是要变得更好，而是要接受现在的自己。如果你下定决心为了爱自己而成为别人，那么你永远不懂爱自己。

接纳自己是否意味着你不能有目标和梦想呢？完全不是。接纳自己只是意味着你不必为了成为优秀的人而去实现那些目标或梦想。有目标和梦想也是接纳自我的一部分，这也是你现在真实生活的一部分。也许你现在正在经历嫉妒、愤怒或失败，这就是现在正在发生的事。但当前你不需要改变。

不断寻求改善自身或你的关系会让你处于一种不满的状态。在精神层面，不满就是问题所在。如果每一刻你都可以接受，想着"这就是现在正在发生的事，这是现实，这是我的存在"，就能消除不满，使你更接近你渴望的目标。接纳自己之后，你可能还会感到沮丧，但并不会因此而贬低自己。即使你现在心情低落，或者伴侣对你生气，或者你很焦虑、有压力，但如果你能接受“这就是现在正在发生的事。它令我不快，但我接受它，因为我知道它会过去的。这不是问题而是生活事实”，你就能更快地战胜它，然后变得更平静。

在任何特定的时刻，只要你觉得自己正在尽力做到最好就可以了，全力以赴就是成功。你可能意识到自己可以在某些方面做得更好。这样就很好！虽然你还未达到完美，但同样也要接受这一点。

接纳自己身上不被喜欢的部分

自我接纳的反义词是自我贬低或自我憎恨。这是你的一部分。抱怨你的某些方面，就是在抱怨你现在的生活。这就像试着逆流而上，或者骑着马往相反的方向奔跑一样，自我批判会消耗大量精力，但对你却毫无用处。

记住，接受某件事并不意味着一定得喜欢。事实上，自我接受就是接受那些你不喜欢的部分，而接受自己喜欢的部分并不是什么挑战。

自我接纳会赋予你内在力量。如果你接受而不是反抗不完美的自己，你就不必向任何人证明你是个优秀的人。你知道，在内心深处，尽管在某些方面，你总是能做得更好，但是在你完全爱自己之前，你不必做到更好。当你有这种感觉时，你会体验到自己在这个世界上的强大。自我接纳会带来自由，这样你就能够放弃自我挣扎。

这样就有可能不断累积，让你变得更加能接受自己。自我接纳主要是为了更好地了解自己，因为如果不了解自己的话就谈不上爱或接受。

精神上的任务就是发现自己隐藏的某些方面，最终目标是学会接受甚至爱上自己身上那些难以接受的方面。这些旧伤或小小的自卑是事实，忽视、否认或抵制这些方面都是在耽误自我接受的进程。

例如，当我意识到自己的笑容不合适时，我必须探究这一行为背后的原因，看看自己为什么这么做。我曾花了很长时间去向一些有经验的人（例如治疗师和精神导师）寻求帮助。于是我开始明白自己这么笑是因为担心真实的自我，也就是不变的微笑下那微微发光的小火苗，不够招人爱，甚至招人厌。我开始发现自己身上有自己不喜欢的地方，并且渴望逃离这个世界。我必须了解、熟悉那些让我痛苦的遗憾以及不安全感和恐惧感。只有当我发现内心深处阴暗的那一面时，我才能开始接受自己的这一部分。渐渐地，我开始意识到所有那些可怕的事情根本没那么糟，我能够忍受。否认这些的存在花费了太多精力，甚至让我觉得自己好像是个不完整的人。我开始明白自己并不是只有好的一面，好的坏的都是我，我很好。

所以你也可以朝着自我接纳的方向努力。

然而，学习和获得学位都无法让你学会自我接纳。自我接纳就像在意外时刻到来的礼物，在一个轻松欣喜的时刻，它会到来，但如恩惠一般，不受召唤。

一个关于自我接纳的动人故事

当我作为牧师在医院工作时，我花很多时间和大卫聊天，他是一名年轻的运动员，在一次潜水事故中弄断了颈椎，几乎完全瘫痪。他的怒火从未消停过。他觉得自己本应该知道不能在那个地方潜水，而且他还把事故归咎于他自己。他反复告诉我，他希望自己在那场事故中死掉，他恨那个救了他的陌生人。他还谈了很多有关他祖父的事，他很崇拜祖父，但是他出事的 3 个月前他祖父就去世了。

一天，他迫不及待地和我说，他做了个梦，梦里救他的那个陌生人回来了并且说要帮他了结生命。正要这么做时，祖父走进房间，心碎又失望地看着他，然后梦就醒了。

除了那个梦，大卫什么都不说。我们开始给他的祖父写信。一天早上，他告诉我他的祖父晚上又来看他了，并让他去帮助医院里的其他患者。所以，大卫就开始在康复室帮忙，在患者做常规康复活动时和他们交谈。有一天，他遇到了一位男士，这位男士是在去参加婚礼的路上出车祸受伤的。这让大卫很受触动，回到自己的房间后，他忍不住哭了起来。在那之后 2 周，我每次见他，他都是这种状态。

之后，他的情绪开始缓和，也谈论起了家人，甚至试探性地谈论他未来的计划。

有一天，当我进他的房间后，着实被吓了一跳。大卫看起来很好，脸上有了新的活力，一种我从未见过的轻松感。我永远不会忘记他说的话：

“我四肢瘫痪了，”他对我说，“但我有了新的生活。”

这个启示是在一次和母亲通话交谈时获得的。当他回家过感恩节的时候，母亲试图想办法让他参加邻里间的足球比赛。“母亲仍然希望事故没有发生。她接受不了，”大卫告诉我，“但是我接受了。”

大卫正在体会自我接纳这一恩惠。在此之前或之后，我都从来没有见过这样明显的例子。

你在这八种爱的行动上所做的所有努力，也会引导你走向更大的自我接纳，这是一个终生的旅程。有时候我们会感觉自己更能接纳自我了，有时则不然。但是，越多地参与精神实践，就越能接受自己，即使你并不是一个接纳自我的人！

实验 19　自我接纳

1. 如果你有一根魔杖，你会怎样改变自己？在你的日记中列出一个清单。

2. 现在，看看你写下来的每一点，然后对自己说："如果永远改不了怎么办？如果一直这样怎么办？这才是真实的我。"

3. 给自己写一封充满爱意的信，在信中你可以自由地谈论自己身上你不喜欢的方面。看看能否从不喜欢变成乐意接受，即使只是当作信中的一个练习。

第九章

练习同情

同情是一种站在他人的角度思考并采取相应行为的能力。这意味着你深刻地理解别人正在经历的事情，而且你会被感动，然后去帮助他人。同情心是一种建立在希望他人从痛苦中解脱的基础上的精神态度，与承诺、责任和对他人的尊重相联系。

那么，将同情当作夫妻关系中的一种爱的行动意味着什么呢？

这意味着当丈夫因为你在衣服上花太多钱而对你大吼大叫时，你会深吸一口气然后对自己说："这个可怜的家伙在如此贫困的家庭长大，父亲一直把钱管得很严，看到我花钱，对他来说一定很难。愤怒背后是他的恐惧。我尊重他的观点。我需要想办法满足我们双方的需求。我可以做到。"

也许你不会立即这么做，但久而久之，你就会朝着这个方向前进。

设身处地为你的伴侣着想，试着理解为什么伴侣要以会烦扰你的方式行事。请记住，伴侣有权这么做，也有理由那样做，这些理由可以追溯到很久以前。这并不是说你是对的，而他 / 她是错的，只是看待事物的角度不同而已。你们都有权提出自己的见解。

这就是同情心。它能够让你在关系中处于领导地位，做个“大人”。

或者，当妻子无数次唠叨你让你做事更有条理时，你会对自己说：“她有权要求我变得更有条理。她又在掌握控制权了，她必须要控制自己才能在家庭中生存。但她已经在改进了，我可以温柔地肯定她来支持她的进步，然后找到一种不会让她心烦意乱的方法来支持她的进步。而且，她是对的，更有条理对我来说是有益的。”

这似乎是项艰巨的任务，但这就是同情心的含义。当你看到伴侣伤心沮丧时，即使是针对你的，你会感到痛苦，你也会觉得有必要去帮助他 / 她。

在本章后面我们将会再次回顾这些例子，看看在这些情况下有了同情心之后你能做些什么。但是首先让我们更仔细地探讨一下同情心是什么。

日常生活中的同情心

当你没有被看作是他人心烦意乱的原因时，就更容易做到换位思考并表达同情心。例如，当伴侣和你说他 / 她没有获得期望的晋升，或者他 / 她得知母亲患有癌症时，你会感到很难过，也可以想象到当自己处于这种状况时会有什么感受，你会推己及人，从而愿意去做任何你能提供帮助的事情。在伴侣哭泣的时候抱着他 / 她，准备当晚的晚餐，安排航班，做些其他的家务。你真心希望自己可以带走痛苦。这就是同情心。

同情与责备

同情的反义词就是责备。

许多人都有过把个人问题归咎于父母，把关系中的问题归因于伴侣，把工作中的不愉快归咎于老板的情况，通常还会指责老天不公平：

“父母偏爱弟弟 / 哥哥而忘了我。”“伴侣太爱控制、太苛刻、太自我了。”“伴侣话太少，不听我的，他 / 她总是在工作，对我也不体贴”“老板不讲道理。”

许多人终其一生都在为自己的个人问题责怪父母，为自己关系中的困难责怪伴侣，为自己在工作上的不开心责怪老板，为所有的不公平责怪整个世界。

当你因为生活中发生的事情而责怪别人时，会发生两件事：

- 你必定会传达有害、消极、愤怒的想法和感受。
- 你无法审视自己在问题中的责任，而这恰恰是你唯一能做些什么的机会。

假如你的伴侣还是像往常一样不体贴。他给自己做了个三明治，甚至问都没问你想不想吃。

如果你责备他，那么你的内心就会带着“责备之毒”：“看看，他多不体贴！这让我很生气！难以相信竟然有人这么自私！”与此同时，伴侣正在享受他的三明治。他做的事情引发了这些，但你却在为他“买单”，并为自己制造不愉快。

相反，如果运用同情心的话，你可能会对自己说：“我可怜可爱的丈夫，在这样自私的家庭长大，所以他不会去主动帮助他人。他仍然无法克服这一点。或许他永远都不会为我做一个三明治。不可思议！”

现在，你不妨自己动手做一个三明治，然后和他一起愉快地享用午餐。你内心就不会有愤怒，这样你就已经想到办法来解决自己的问题了，即爱的行动之独自行动。你内心深处知道他可能永远不会彻底改变自己性格中自私的一面，所以你甚至不需要提及它。你只要理解他这方面受到了童年时期的限制就好，做个“大人”，让事情顺其自然就好。

同情与宽恕

同情不涉及谁对谁错，而是关于任何情况下你选择在哪些方面用心。你能原谅别人犯错吗？或者你能原谅别人做了伤害你的事情吗？能原谅别人没有达到你的期望吗？

不宽恕他人，就好像自己服用“毒药”却希望对方“中毒”一样。如果继续生气并且在伴侣忘记给你做三明治这件事上坚持认为自己是对的，那么伴侣在享用三明治的时候，你则是在用怒火毒害自己。愤怒、责备和自以为是会令你的生活质量大打折扣，而且丝毫不会改变令你恼火的状况。

戈登的父亲粗鲁又暴力。戈登 9 岁时，母亲就和父亲离婚了。之后的 3 年里，母亲非常关心他，他们母子相依为命，无论去哪儿都形影不离，戈登终于感受到了爱和肯定。之后，母亲又坠入爱河并结了婚，对方很喜欢戈登并竭尽全力和他建立关系。但是戈登并不想，他恨这个继父插在了他和母亲之间。

现在，戈登32岁了，也有了儿子。但是，他对继父依旧很冷酷，也还是会生母亲的气。他觉得母亲在早年应该做更多的事情来保护他不受亲生父亲的伤害，也不该在再婚时“抛弃”他。戈登的父母现在尽一切可能与他建立联系，但戈登不愿意接受。他想让他们看看他们对自己的伤害，想让父母承认是他们的错。现在看着自己的儿子，戈登很难想象自己的父母在他小时候会那样对他。为什么自己的父母不能像他现在爱自己的儿子那样爱他、保护他呢?

戈登没有错。但他现在正在服用“毒药”，并希望父母感觉在被惩罚。这是不开心的、迷惑的、愤怒的、无情的戈登。现在，他的父母会对过去发生的事情难过，但也知道无法改变。他们看着戈登痛苦、挣扎，却无能为力。

选择权在戈登：他可以在未来几年继续责怪父母，也可以对父母表示同情，考虑他们的情况，理解他们在那时已经尽力了，然后摆脱那些伤痛。

想想之前谈到的有关责备的事：指责父母，戈登会传达有害、消极、愤怒的想法和情绪，也看不到自己在这个问题中的责任。只有戈登自己才能让自己摆脱责备、愤怒这样的负能量。他的父母一直有耐心，愿意接受戈登本来的样子，也希望戈登有一天能同情并原谅他们，毕竟，除了接受戈登，他们别无他法。

从责备转变为同情并不简单。当痛苦很深时，人不可能一夜之间就变得有同情心，也不会因为读到过相关内容就学会同情。这需要努力，需要时间。

同情最终会带来宽恕。当你真诚地、全心全意地原谅他人时，你会变得更自由、更快乐。死守着伤痛而不原谅他人，“毒药”会一直在你心里，而伤害你的人则不会。宽恕是个艰难的过程，但会让你解放。回报与痛苦是对应的。

学会同情

你可以从意识到对他人表示同情时的本能感受来培养同情心。例如，从新闻里听到一个悲惨的故事，你的心会自动转向有关的人，注意这一点，这是精神上良好的、健康的感觉。然后，开始对新闻里的人表示同情。无论是饥荒还是可怕的战争的受害者，又或者是意外事故中失去孩子的一家人，都让自己有伤心的感觉以及想要帮助的欲望。如果可以赶走痛苦，你甚至愿意做任何事情。这就是同情心。

你不必把所有的同情都付诸行动。但是当你做得到时，当特别合适以某种方式帮助别人时，或者事情正好发生在你身上时，一定要表现出你的同情心。

培养对自己的同情心

培养对自己的同情心有助于让你对别人也产生同情心，反之亦然。有时候，相比于对自己，你更容易对别人产生同情心，但是两者都要开始注意起来。如果你内心充满了对自己的厌恶感、不安全感以及自卑感，如果你不太喜欢自己，那么你首先要做的就是“完全理解自己经历的事，然后备受感动，想要帮忙”。当自己因为类似经历处于或曾经处于痛苦中时，照顾别人的痛苦可能会更容易些。

人生艰难，痛苦和失去都是不可避免的。嫉妒、自卑、恐惧、背叛、心碎——这些情感注定会在某个时候出现在你的内心。错误的做法是逃避痛苦，或试图逃避、否认、掩盖。因为痛苦是接近真实自我和心灵的直接方式，跟随内心是快乐的来源。接受痛苦，然后努力治愈它，这始于同情。

如果能忍受痛苦，即使只是几分钟，你都能从中学到一些心法，然后开始治愈痛苦。

瑞秋参加我们的援助小组时还是一名大四学生。她高中时一直是一位“明星”，全科优秀，在班级戏剧表演中也一直是主角，她还是法语俱乐部的主席。她上的高中很小，地处农村，后来她上的大学很大而且实力很强，她必须一直努力才能追赶上其他同学的步伐。但是直到毕业她在班里也只是中等水平，尽管努力了很多次，但是大学四年她也没能适应过来。她竭力装出一副乐观的样子，但我们能感受到她的绝望就藏在开心背后。

我们鼓励她去研究这一绝望的感受。几周后，她开始跟我们一点一点地讨论这件事，直到有一次她哭了起来，说：“我觉得迷茫，不知道自己是谁。在这段关系中我什么也做不了。”当强烈的情绪开始消退时，她和我们说将绝望表达出来并且感受到来自他人的同情是一件很好的事。

同时，我们鼓励瑞秋成为像她所希望拥有的朋友那样的人，然后自己和自己对话。我们让她先对自己说："瑞秋，我非常理解你经历的事，我是来帮你的。"

瑞秋是践行同情心的典范。她这样对自己说：

> 真可怜。你的校园时光如此艰难！经历了这么多艰苦的时刻，差点儿迷失自己。好像整个世界都在针对你，不是吗？怪不得你会觉得如此孤独，怪不得你不觉得过去高中时候的自己很好。能来到这所大学并且坚持到现在，你很勇敢。我向你保证，一切都会变好的。你还是高中时候的瑞秋，只是现在更聪明了，你会没事的，很快，你会获得幸运的机会。置身于这个群体对你来说是好的，你要坚持自我，始终相信自己。我就在这儿陪着你，哪儿都不去。

瑞秋是我们的榜样。

如果你没对自己抱有过同情心的话，就很难这么对别人。

同时，对他人展示同情心也有助于培养对自己的同情。

如果你感觉心情低落，试试瑞秋的方法，自己做自己最好的朋友，写一封信给自己。

你对自己怀有的同情越多，相应地对别人也更能施以同情。你不必"站在别人的角度看自己"，因为你已经站在自己的角度思考了。然后，你成为自己的"疗伤者"，而且是目前最有效的治疗者。

我们都是“疗伤者”

在传统的医学治疗模式中，一个人受伤或生病，而医者则是健康的、无所不知的。相反，“疗伤者”的治疗模式是假设所有人都受伤了。“疗伤者”治愈人也不是靠高深的知识，而是靠引导受伤者自己正视内心。我们都在一条船上，而且都受伤了，都很痛苦。正是这种共性才使我们能治愈彼此。

作为“疗伤者”，我只是提醒你，人可以被自己治愈，同时你也可以治愈他人。十二步计划里的“疗伤者”对其他人都有深切的同情，因为他们学会了如何对自己抱有同情。同情自身也能使你用同样的方式对待他人，包括你的伴侣。

培养对伴侣的同情心

要把怨恨或责备化为同情的话，就要透过当前的状况，看到背后的原因。

伴侣这么做的缘由是什么？伴侣身上令你不喜欢的特质是什么导致的？或许，在这种情况下，你的伴侣已经尽力了。例如，你的伴侣在一个很冷酷、含蓄的家庭长大，没有人拥抱彼此，没人说过“我爱你”这句话，这些可能就是你的伴侣对你不浪漫的一大原因。

以下四条建议有助于你培养对伴侣的同情心。如果你能抽出一些时间来想想，或者最好写下来，将会帮你在日常生活中建立对伴侣的同情心。

了解伴侣行为背后的原因

看看伴侣的成长背景，问问自己这对他 / 她今天是什么样的人有什么影响。

研讨会中，我们用以下问题作为指导。我建议你也花些时间，要么写出答案，要么与朋友讨论；或者如果你在支援小组中，把这些问题作为讨论的指南和组内成员讨论。如果你和伴侣一起构建精神生活，建立精神伴侣关系，无论如何都要坐下来互相问问对方。这样的对话对你来说可能是非常愉快、有感触的，当然也很有教育意义。但是在表述问题的时候，我假设你是一个人在做这个练习。

家庭背景

- 伴侣在他 / 她的家里长大是什么感觉？
- 伴侣的态度、行为和他 / 她的母亲有哪些相似的地方？
- 伴侣的态度、行为和他 / 她的父亲有哪些相似的地方？
- 伴侣的兄弟姐妹或与兄弟姐妹的关系是否对他 / 她产生了很大的影响？
- 伴侣现在对家人的感觉是什么样的？

以往的经历

- 你对你伴侣之前的经历了解多少？这些经历会对你现在遇到的问题或行为产生什么影响？
- 以往的经历会如何影响你的伴侣？

一般的性格类型

- 伴侣性格中最重要的两到三个特点是什么?
- 用尽可能多的不同形容词完成这句话:我的伴侣很偏向_______。例如,你的伴侣可能偏向完美主义、乐于助人、成就导向、忧郁、过度投入、积极乐观、容易发怒、性格温和、有条不紊、左脑思考、右脑思考……
- 通常,男性倾向于否定或忽视情绪,直接寻求解决办法;会用沉默和退缩来应对压力;也会做擅长做的事或令人印象深刻的好事来表达爱意。女性则看重并表达情感;会寻求支持和把事情讲出来以应对压力;会用一些小恩惠和爱的动作来表达爱意。

你的伴侣在哪些方面符合或不符合这些共性?

通过问这些问题,你有什么发现?也许伴侣对你并非有恶意、不体贴、不领情,或者故意忽视你。也许你看到的就是伴侣最好最真实的样子。

发掘有意义的故事

回想你听过的关于伴侣童年时候的故事,有没有一个故事确实体现了他 / 她的特征?

例如,参加研讨会的马特对妻子不满,因为他觉得妻子把送礼物这一行为发展到了一个荒谬的极端。她总是给朋友带些小礼物,即使为了很小的理由。在她侄子侄女过生日时,她也送了很多礼物,而且她的圣诞节购物计划总是在 2 月左右就开始了。做这个练习时,马特告诉我们这个重复了很多次的有关他妻子的故事:

在我岳母的餐具柜旁边有一尊瓷器雕塑，雕塑是围在桌子四周的一家人。当我妻子9岁左右时，她得到了一份工作，是帮助邻居把秋天的落叶耙在一起。到了父母的周年纪念日，她用攒了几年的钱，独自一人去了她最爱的商店，花了很长时间挑了这个完美的小雕塑（商店老板，也是她的朋友这么说），然后很自豪地送给自己的父母。

马特跟我们讲这个故事时，有几个人甚至哭了，想象着这个可爱的9岁小女孩在挑选礼物，然后开心地、自豪地把所有的钱都花在了上面。我们帮马特认识到给予和慷慨是妮可的真正本质之一，这一特点会令她感到快乐和满足。

我们听到的许多伴侣的故事并没有那么感动，而是很痛苦的。例如在孩童时期被忽视或被殴打甚至被虐待；父母很忙，忘记了对他来说重要的事或者忘了在对的时间到学校来接他。

无论你选择用什么样的故事来帮助你理解你所爱的人，请记住那个已经成年的伴侣的心里仍然住着个小孩子。当看到这种行为出现时，直接想到那个小孩。这会帮你保持同情心吗？

“咒语”：他/她尽力了

对伴侣表达同情是让伴侣达到他/她自己的标准，而不是你脑中随意的标准或幻想。

记住这个“咒语”：“她/他尽力了”，当你无法对伴侣表示同情时，反复对自己说几遍。

一段婚姻中，每个人所做的事情不一样。例如，在体贴方面，当你百分百付出时，你可能会包装精巧的礼物，在有趣的地方留下便条，为伴侣做饭，回家时给伴侣带本书或一件新夹克，就像一个精心准备的惊喜。但是当伴侣百分百体贴时，他可能只是像往常一样给你开车库门。或许你的伴侣生长的那个家庭并不懂得体贴他人，所以他在这方面的经验是有限的。你可以有意地选择同情伴侣，而不是让自己感到失望。

一位女士告诉我，每年情人节她都非常失望，因为丈夫总是给她完全一样的盒装糖果，就是普通白盒子里装着巧克力。然后，有一年，他带着一个心形盒子的巧克力和鲜花出现了。她很激动，她知道这对他来说就是一大进步。

当你对伴侣感到生气并且没法表现同情时，或许你会觉得这是因为伴侣的行为很无理。但事实上，你面对的是自己的不足而非伴侣的不足。你的精神挑战是做出改变。努力站在伴侣的角度思考，想一想同情心，即使只是片刻。对自己说："他/她尽力了。"无论是什么伤害导致伴侣这么做的，只要你对伴侣富有同情心，这些就都有可能被治愈。正如我们反复说过的，为了痊愈，我们需要同情和爱，而不是批评和指责。

支持伴侣的梦想

有意去了解伴侣的梦想。然后，设身处地为他/她想想，看看自己是否被感动了，想要支持这一梦想。当你发现自己专注于你所认为的伴侣的缺点或不足时，要有意识地想想他/她心里渴望成为怎样的人。当看着伴侣时，不要想“你能为我做什么？”而是“我怎么支持你？你内心深处的渴望是什么？你内心有什么伤痛，我能否帮你治愈？”

当人们表现得好、快乐、慷慨和友爱的时候，我们很容易去爱他们。但是，当他们做得不好、心情低落、没自信、生活遇到挫折的时候，才最需要你的爱。

最后，请记住，就像所有的精神理想一样，同情真正的益处是让你变得更快乐、更平和、更有成就感。听起来同情是帮他人，但当你能在你的心中找到的同情越多，给予周围人的爱和友善就越多，你也会更加开心快乐。

学会在婚姻关系中表达同情

现在，让我们回到之前的例子，你丈夫对你花钱买衣服大发雷霆。在观察精神伴侣如何解决问题时，我们也将回顾一下到目前为止学到的其他精神准则。

你刚刚为特殊场合买了件衣服，然后开始自豪地、兴奋地向丈夫展示。但是他十分不高兴、很焦虑，开始试图说服你把衣服退了。当然，你下意识的反应是防御性的反驳。例如：“这没花多少钱。你对衣服的价格没什么概念。你还把所有的钱都花在运动鞋上了呢！没关系啦。别说了，看看我穿上这些衣服怎么样！别那么在意钱啦，别为身外之物所累。人生苦短。”诸如此类。

尝试不同的回应方式

但是，作为精神伴侣，你首先要做的就是运用学过的一些技能，而不是长篇大论。或许是用克制的语气说：“我感觉自己在防御。”这样你会有时间喘息、思考。其次，你可以做到既换位思考又坚决果断。例如，你可能会说：“我知道你觉得我在衣服上花了太多钱，确实很多，我不反驳。我很抱歉我花钱买衣服让你不高兴，相信我，这不是我的本意。”这就是同理心的内容，即使是简短的话语也是足够的，让伴侣说出来，而你继续表达你的理解。

现在，同情从何而来？同情意味着你真的因为伴侣的沮丧感到不开心，而且备受感动想为他竭尽全力。现在，你面临窘境。这是你必须利用自己的承诺来平衡照顾自己和照顾伴侣的关系，即爱的行动“平衡给予和索取”。为了给自己争取些时间，你可能会说：“亲爱的，让我想想，今天确实花了很多钱，或许有些东西可以退回去。给我时间考虑一下。”

很好！你已经不再试图通过更多的交流来达到目的了。你不再责怪丈夫，不再认为是他的错，而且你问过自己：“我能做什么？”怀着善意，你同意审视自己的购买记录，这些都为沮丧的氛围带来了和谐。没有要求伴侣改变，你承担起维系给予与索取平衡的责任，同时也利用这一平衡获得了力量。

没有任何公式能告诉你现在该做什么决定。只有你自己知道是否有可以退回的东西，既让丈夫高兴，也让你不后悔。也只有你自己知道那些花出去的钱是否合理，是否有必要向丈夫表达自己的观点。不能认为丈夫的想法是错的，就像我们在爱的行动“独自行动”中学到的那样。

你的任务不是说服丈夫赞同你，而是理解、认同他的感受和观点，同时也要清楚，这一次，你要继续做你认为对你合适的事情。

以上例子非常贴合实际。在巡回宣传我的第一本书时，我和一位形象顾问一起购物时，也遇到了同样的情况。她告诉我："在表达同情和善意这件事上，我并非榜样。我开始为自己辩护，还和丈夫大吵了一架，觉得是他背叛了我，不支持我。当停止争吵时，我们的心情都不好，但也只是独自生气罢了。"

几个小时后，我又看了看刚买的衣服，里面有一件非常贵的西装我觉得可以退掉，这样做我也感觉更好。那是一大笔钱。但我还没来得及下楼告诉迈耶这件事，他就走了上来对我说："亲爱的，全部留下吧。我希望你在这次巡回宣传中心情愉快。这钱可以花，没什么大不了的。"

出于同情，我们都表现出了善意。我们都为对方的难过而难过，都想为对方做点儿什么。

我喜欢越南僧人释一行禅师说的关于佛陀的一段话：

> 当我还是一位初学者时，我还不明白为何世上充满苦难，佛陀却有如此灿烂的笑容。为何他不为痛苦所扰？后来，我发现佛陀有足够的悟性、冷静和力量；这也就是为什么苦难没有压垮他。他知道如何应对苦难，如何改变苦难，所以他能笑对苦难。

从评判到同情

最近，我自己的一次经历给了我一个教训。当然，这只是一件小事，但通过这件事我看到了评判与同情在我心中的巨大差异。

我非常兴奋地打电话给我的一位单身友人，想把她介绍给一位我觉得她会真心喜欢的男士。直觉上，我觉得他们可能会非常相配。我在她的语音信箱里留了言。第二天，我收到意想不到的消极答复。她说："我不知道你我对男人的筛选标准如此不同。据你的描述，我就猜到这件事肯定行不通。我的意思是，如果你坚持的话，我会去和他见面，但我仍然心存疑虑。"

这个回答让我很震惊，过了段时间，我意识到自己在生气。就好像我给了她一个漂亮的包裹，还系着大蝴蝶结，而她打都没打开就扔进了垃圾桶。还好我很明智，几天没给她回过电话，因为我脑子充满了挖苦和恶毒的反驳。

我觉得她既不懂感恩又很粗鲁，我希望责备和生她的气能加深她在我心中的"黑暗"印象。而且我是对的，她是错的。我感觉受到了侮辱和轻视。这些就是我所能想到的全部。

我把这件事告诉了另一个朋友，她立马对我说："她肯定是害怕遇到真正适合她的人。"一瞬间，我的怒气缓和了下来，突然为我的那位朋友感到难过。我把注意力从自己转移到她身上。她不想与那位男士见面的原因同样也会限制她的生活、减少她的选择。或许是因为害怕，或许是因为想要控制权。又或许，她的直觉比我更准！我意识到："她有权做自己，我不知道她内心在想什么。我应该支持她，而不是把我的计划强加给她。"

当我把注意力从这件事对我的影响转移到如何激励她的时候，我体会到了同情，也忘记了自己的伤痛。

当你生气时，当你内心充满责备时，当你的心变成石头时，当难以想象可以抱有同情心时，那么感受到同情将是一个挑战，但真的会促进你的精神成长。

实验 20　同情心

1. 请在日记中，回答以下问题：

在哪些方面我对伴侣没有抱有同情心？

如果我感受到了同情心，我会怎么做？

2. 在上面的“培养对伴侣的同情心”一节中逐步解决问题。有时间的话，就在日记里写下答案，或者和朋友谈谈。

3. 从哪些方面看，你是在“加剧黑暗”而非“走向光明”？也就是说，什么事让你感到愤怒或认为自己是对的，甚至觉得对方可恶？当你把注意力转向对方而非自己，把愤怒之类的情绪转换成同情时会是什么感觉？

第二部分

在爱中修行：内心的深刻转变

第十章

具体运用八种爱的行动

对于有些读者而言，阅读关于精神伴侣和爱的行动的相关概念，可能就足以实现内心的转变。如果能读完这本书，你将改变你和伴侣的关系。读到这里，我相信你已经充分了解到，除了“坐下来谈谈”之外，你还有其他选择，例如采用善意的精神，放弃解决问题，放弃谁对谁错，假装而非做出本能反应，练习克制，平衡给予和索取，独自行动，练习接纳和同情。你可能发现八种爱的行动中有些重叠的部分，并且都可以归结于对伴侣的善意和大度。你现在知道你可以一直问自己：“这次矛盾中我的责任是什么？无论谁对谁错，我能做哪些改变缓解这种情况？如果要根据最高精神价值来行事，我该怎么做？”

然而，旧习难改，系统地练习爱的行动将有助于你学好这些行为，从而使它们变得根深蒂固。深思熟虑的实验将有助于你更快地改掉第二阶段关系中那些适得其反的习惯。

如果你想专注地、系统地练习八种爱的行动，在此我有个简单的框架推荐给你，它将帮助你做到这一点。这个“计划”可能是你尝试过的最简单的有关夫妻问题的行为方式。没有准备阶段（除了刚刚读过的章节之外），没有长长的问卷要填写，也不必留出大量时间或说服伴侣坐下来与你进行有组织的练习。精神伴侣关系只是一种新的存在方式，一种新的思维方式，一种新的行为方式，以完成你在这段关系中已经在做的事。

开始时，你唯一需要的是一点点意愿。如果你抱有怀疑或悲观的态度也没关系。如果你不想做某个行为也没关系，坚持做一会儿就好，就是这样。记住，行为的细微转变能带来全新的结果。

以下是对采用爱的行动作为改善关系的“计划”的一点儿建议。该计划有五步：

做好准备

1. 评估这段关系。
2. 对这段关系做出承诺。
3. 对计划做出承诺。

准备开始

4. 寻找支持你的人或互助小组。

开始行动

5. 开始尝试八种爱的行动。

第一步：评估这段关系

1 分到 10 分，1 分代表要找离婚律师的那种程度，10 分代表极好的状态。现在，你对这段关系的满意度和幸福感可以打几分呢？来吧，打个分。

请放心，正如我们在本书引言部分所观察到的那样，无论你处在哪个等级，八种爱的行动都将改善你的关系。我确实看到过由 2 分、3 分达到 10 分的情况，也看到过 10 分的夫妻变得更亲密的情况——比他们所知道或想象的还要亲密。

如果你之前没这么做过，那就请花些时间列出你认为你们关系中存在的最大的问题，即阻碍幸福的主要因素。然后，再列出你所认为的你们关系的最大优势。你喜欢伴侣的哪一点？你们在一起过得怎么样？

我建议你把这些写在日记里。在这上面花些时间，完全真诚地对自己。

第二步：对这段关系做出承诺

运用八种爱的行动的计划，我们假定你想改善关系。因为你爱你的伴侣，并且致力于让这段关系真正对双方都好。如果你有这样的承诺，请转到第三步。

如果你不确定自己是否有这样的承诺，这一计划将对你非常有用。以下是为什么会帮到你的原因：

如果你们俩的关系糟糕到你想要离开，但你还没这么做，要么是因为你真的很矛盾，要么是因为到目前为止你还没有勇气做你觉得要做的事——转身离开。无论是哪种情况，这一计划都会大大帮到你。

如果你很矛盾，那么你需要的就是更多信息。这也正是八种爱的行动会帮你的。做每一项爱的行动时，仔细记录所发生的事。注意这一行动带给你的感觉。更生气，更缓和，还是更体谅？每一种微妙的感觉都很重要。伴侣如何回应？观察并全部记下来。

众所周知，如果你一直做同样的事情，就会一直得到同样的结果。这也是多年来你们这段关系中所发生的事情。八种爱的行动会给你新的尝试，你肯定会得到不同的结果。只有尝试之后，你才会知道这些新的结果是什么。计划结束时，你要么确信自己想要离开，要么清楚地知道自己的新态度已经带来了你喜欢的积极变化。

为了这一计划，如果你无法对你们的关系做出真正的承诺，那就努力发现你承诺要达到的水平吧。

例外

如果伴侣在肉体上或精神上虐待你，请不要采用这一计划。如果伴侣吸毒或酗酒，请不要采用这一计划。相反，打电话给别人来寻求帮助，或打电话给当地警局，要求其转接到相关机构或咨询员手中。你必须照顾自己，如果你不这样做，没有人能帮你。不要让恐惧阻碍你寻求所需的帮助，因为你无法靠自己解决这一问题。你必须打电话给他人并完全诚实地告知所发生的事。

对单身者的特别警告

当知道自己面对的是一段并非真正想要或并不值得的关系时，不要用这一计划来维持这一段关系。当你还有机会选择终身伴侣时，一定要仔细！不要因为大意而犯错，然后得到一段你不喜欢甚至存在重大问题的关系。

单身人士最常犯的一个错误就是花上几个月或几年的时间在一段被称为“有总比没好”的关系中。“有总比没有好”这种想法会阻碍你寻找生命中的真爱，降低你的自尊。在《你如此优秀，为何还单身》里，我写了很多关于“有总比没有好”这一观念的内容，以及如何在寻找灵魂伴侣的过程中保持自己的高标准和高层次的精神境界。在这里，我只想说，如果你真的想要一段真诚的关系，但还未得到的话，或许你就应该结束当前这段关系。往前看，坚持你真正想要的，只有这样你才有机会得到它。遇到了你确定要参与的一段关系时再发挥精神领袖这一技能。

正如本杰明·富兰克林所说：“婚前睁大眼睛，婚后半闭眼睛。”（通过“睁一只眼闭一只眼”，我确信他的意思是“接受”，而不是“无意识”。二者具有天壤之别。）

第三步：对计划做出承诺

我建议你至少给这个计划 8 周的期限。现在，承诺自己会尽最大的努力，在 8 周内一直尝试爱的行动。

如果你把你们的关系评定为 7~10 分，或许只需要读一下这本书就足够了。偶尔合适的态度转变和几个爱的行动就会增强你原本已经很好的关系，或许根本不需要实行这一计划。

如果你的关系处在 1~6 分，我建议你深思熟虑，制订一个具体的计划，然后严格执行。把这一计划定为你未来八周内的首要任务。不会出现认真执行计划后，却什么变化都没有的情况！

如果你打算为接下来的 8 周制订一个精确详细的计划，那么你需要三个盟友：一个日记本、一份日历、一个支持你的人或互助小组。

把问题放在一边

在这 8 周内，不要和伴侣讨论你面临的问题。记住这一计划的目的不是解决问题而是带来“新的觉悟”，一种“更高更广泛的兴趣”，从而“扩大你的视角，原本无法解决的问题也变得没那么严重了”（卡尔·荣格）。

如果你发现自己在和伴侣讨论这些问题时，像往常一样争吵，或者你正在面临这些问题（例如：伴侣在批评你；全部家务都是你在做；伴侣在你说话的时候睡着了；伴侣没有倾听你说话，等等），立马做些积极的事。要么以某种方式照顾自己，要么为伴侣做些体贴、慷慨的事，刻意营造积极的氛围。记住，相比于这些恼人的事，你们之间的关系更重要。

保持开放的期望

不要幻想或期待从这些实验中得到特定的结果，也不要太执着于任何特定的结果。

这并不容易做到，但对每一位精神之旅上的人都很有价值。（这一点将在第十四章谈论精神力的内容里深入探讨。）八种爱的行动将会为你提供践行这一价值的好机会。

保持期望的开放性之所以重要有两个原因：第一，如果你的期待没有实现，这么做将有助于你避免痛苦与失望；第二，如果专注于一种结果，你可能会错过一些意想不到的好结果。

威妮弗雷德是一位狂热的巴尔干民族舞蹈演员。她希望丈夫乔纳森也培养这一爱好。乔纳森对此也有点兴趣，但是要全身心享受这件事，他必须每周都去跳舞，这样才能学好一点。但是，他不愿意这么做。

威妮弗雷德尝试了爱的行动“独自行动”。她独自采取了行动，请了一位民族舞蹈老师每周四晚上到家里来上课。她告诉乔纳森这是为她自己，但也会邀请他加入。乔纳森确实也跟着上了一些课，尽管还是不愿意和她出去跳舞，但偶尔还是会去。

他们都很喜欢这位舞蹈老师，课后还会和她交谈很久。乔纳森还让这位老师下次带上她的丈夫来，课后一起出去吃晚饭。现在，威妮弗雷德也会去跳舞，尽管没有乔纳森的陪伴，但她不在乎，因为他们现在找到了不妨碍彼此的新爱好，在一起也很享受。

这就是意外的惊喜。“独自行动”这一方式在威妮弗雷德身上起了作用，但这完全出乎她的期望和预料。

第四步：寻找支持你的人或互助小组

设置的外援支持越多，你的计划就会越成功。你至少要有一个支持你的人。如果你和伴侣都参加了这一计划，那就需要再寻求其他人的支持。一位支持你的人很有必要，因为这个人会刻意帮你保持注意力和专注力。当你谈论自己做的实验时，你也能从谈论的过程中学到更多。而且，既然你要对这个人负责，那你才更有可能坚持下去。

理想的人选是能和你实施这一计划的朋友，你们能互相督促。

当你有了支持你的人时，就约定好每周同一时间约他 / 她谈谈。你要向对方准确地汇报你那周做过的实验及结果，以及接下来的几周要做的实验。

与个人的支持相比，互助小组效果更好。如果你能找到 2 ~ 5 个人，而且他们也想践行精神伴侣关系的话，就能组成一个互助小组，约定每周同一时间见面，这样你将会获得很大的帮助。因为别人的成功将会激励你，而且别人提供的点子你自己可能永远也想不到。

互助组的结构可以非常简单。务必要用计时器，成员之间要平均分配时间。每个人都应该汇报一周所发生的事情，然后在小组成员的帮助下，决定下一周确定要做的实验。

第五步：开始尝试八种爱的行动

回顾一下我们前面学到的八种爱的行动：

- 保持善意。
- 放弃解决问题。
- 假装一切正常。
- 练习克制。
- 平衡给予和索取。
- 独自行动。
- 练习接纳。
- 练习同情。

你可能读到这儿的时候就已经开始采用精神伴侣关系这一理念了。如果你曾悄悄地改变话题而避免争论的话，如果你曾感到恼火却选择不表达出来而是表现得很乐观的话；如果你曾通过“独自行动”，或者表现出坚决果断的态度和同情来找到解决冲突的方法的话；如果你有意不说批评性话语的话；如果你有意识地赞成并非真正喜欢的事物，并且心怀善意的话；如果你已经放弃了讨论当前存在的一些矛盾，因为意识到再多的讨论都无法解决问题的话；如果你已经转为接受而非改变伴侣身上令人难以接受的特点，并且同情伴侣的话，那么你已然开始感受到精神伴侣关系的魅力及其带来的全新可能了。

把直接创造和谐的关系氛围定为首要任务。你可以放弃解决问题，以有爱的方式行事，无论自己的感受如何，克制批评性话语，从而实现巨大且迅速的转变。你要明白专注于慷慨和善意的精神，并且找到新的办法来解决困扰自己的问题，你的精神和心理都将变得成熟，与此同时你将在这段关系中重新焕发活力。

即使只是感受到精神伴侣关系这一内容，你或许也能依靠在某一特定时间有意进行实验来实现更彻底、更持久的转变。特别是当你和支持你的人或支援小组一起做这些事时，系统化的方式能强化你所学的东西。

从爱的行动中选择一个对你的处境有帮助的行动，并且在某一特定时间只专注于此。通常，从练习克制开始是最有效的方式，但是你也可能更倾向于从其他方式开始。答应自己，整整1周内，你不会对伴侣说任何消极的、批评的或苛刻的言论（或许你会采取“假装”这一方式，或者任何你首先选择的其他爱的行动）。可能在第一周你并没有做到完美，但你会学到很多关于自我提升的事情。实验将提高你的觉悟，带来新的见解。

如果你从未写过日记，那就从现在开始写吧。花几分钟把你对特定时间内进行的某项实验所作的承诺写下来，然后再记下你从中学到的东西，这会让实验更有成效。还要记下计划要做的某项实验，持续时间，具体发生的情况，你的感受，以及伴侣的反应。例如，你可以这么写：

7月3日

实验：周一早上8点到周三晚上11点，我不会对埃德说任何负面的、批评的或苛刻的话语。

周一晚上 11 点：小小的胜利。我本想提醒埃德把垃圾拿出去，但只是让他继续看书了，然而他上床睡觉前，就把垃圾拿了出去！我感谢了他。他吻了我。事情成功了！我觉得很开心，也为自己感到自豪。

周二上午 9 点：哎呀，我告诉埃德我觉得他今天参加重要会议所穿的衣服不合适。但是他没有换衣服，所以我的话除了让我们都感到不愉快之外，没有起到任何作用。送他走的时候，还发生了小争执，心情也很低落。太糟糕了！我明白如果我克制对埃德的负面评价这件事本会是多么不一样的情况！这件事让我很难过，与此同时，对于自己开始有这种认识，我感到很高兴。

将诸如此类的事情，跟支持你的人或小组成员讨论，并且强调你所获得的认识。

每尝试一个新的爱的行动，就花点儿时间把我建议的相关实验内容写下来。

尝试了某种爱的行为后，就再尝试另一种，总是把它当作一个实验，总是设定好时长，还要包含开始和结束时间，时长从 5 分钟到 1 周不等。当然也可以一遍又一遍地重复你选择的第一个实验，或者你可能想尝试新的内容。只要不断实验，集中注意力，记录下经历就好。爱的八种行动，每个都至少用一次。

因为种种原因，你可能没有按照设定好的实验步骤去完成，接下来可能发生的一件事是你会想办法不做已经设定好的实验。这很常见。你的原因可能是：有人过来了；或者伴侣晚上出去了；又或者你只是做不到或不愿意去做。到此为止。

这就是结果！记住，在实验中，没有“失败”这回事。不管发生什么或者没发生什么，你都学到了东西，这就是我们在实验中的全部要求。把学到的东西记在日记中。

我曾经接触过一名女性，她在互助小组待了 8 周，但直到结束才真正开始做实验，即便这样她还是三心二意。在互助小组待了 8 周后，她注意到自己根本不愿意做这些实验，但发现自己的愤怒有所减弱，也意识到自己是唯一能够改变现状的人。这对她来说是很重要的启示。

另外一种可能是你做了实验但伴侣没有任何反应，这也很常见。没有明显的反应就是一种反应，记录下来。或者，你要注意的是细微的眼神或手势，或者仅仅一句话。一切都很重要。要集中注意力，注意每一件事，然后一一写下来。

这就是你要做的全部事情，剩下的都取决于自己。

不要误导自己，对自己说：“____________之后，我再做这些事。”不要把计划拖到下一分钟。现在就开始，不管所用的方式是有条理的还是没条理的，只要你觉得对就好。好好享受实验吧。我希望你能拥有全新的个人见解，这些见解会为你带来新的内在力量，让原先的问题逐渐消失，最重要的是，能为你的关系带来新的和谐氛围和激情。

第十一章

精神伴侣关系的常见问题

当第一次听说八种爱的行动这一“神奇”方法可以解决根深蒂固的、极其困难的人际关系问题时，大多数人都持怀疑态度。尽管通读过这本书，你可能还是有这种疑惑。接下来就来谈谈人们第一次听说精神伴侣关系时最常见的疑虑。

问：八种爱的行动所带来的改变能持续很长时间吗？

答：用全新的视角看事物，这样深刻的内心转变是不会消失的。当然，人们会恢复到过去的习惯性行为。但是一旦看到新的可能性存在时，你就不会完全沉浸在黑暗之中，或者假装从未见过光明。

精神伴侣关系并非夸夸其谈，也并不简单。它是将这个世上具有伟大精神传统的深远智慧付诸实践的一种方式。我们的内心都住着一个“魔鬼”，它将我们与爱分开；有区别的只是这些“魔鬼”的本性。只有你的灵魂知道如何征服这一切。

和精神之旅的其他方面一样，关系中的成长和学习永无终结。偶尔故态复萌也是预料之中的事。

其他那些善意的关系技巧永远不会带你到达真正想要到达的地方，而精神伴侣关系既会让你在精神之旅中跌倒也会让你有所提升。虽然很多策略都建议你在陈旧的沟通和公平系统中做些小小的改变，但精神伴侣关系会邀你转向全新的系统。

精神伴侣关系不是目的地，而是一条路，是一段旅程。对很多人来说，一开始就走上正确的道路会感觉很好。这很神奇，因为大多数人之前没有尝试过，通常很快就能看到效果。

问：精神伴侣关系不可能在每个人身上都能创造奇迹。有些伴侣是否没办法和谐相处呢？

答：是的。有些伴侣在一起确实永远都不会真正快乐。践行精神伴侣关系可能会帮你下定决心不再和对方在一起。也可能给你一些你一直在寻找的信息，以便决定要做什么。

关系不一定要“好”才能算作是精神上的。通常，我们是从那些面临难题的、无法持久的关系中学习到一些有关精神力的重要内容。如果你处在精神之旅中，那么发生的每件事都是实践、成长的机会。决定精神力与否的并不是在你的关系中所发生的事情，而是你从中学到的东西。

精神伴侣关系帮你了解你们是否有可能相处得很好，并为你在处理关系问题时提供指导。

当你尝试爱的行动时，你很快就会知道你的新行为是否会让你或伴侣有所改变。很有可能，你从未预料过的改变将会发生。以前从未发生过是因为你之前从没尝试过这种全新的行为，很大程度上是因为你想都没想过。

如果，认真尝试了10~12周之后，还是没有任何变化，那么就有了有价值的新信息。例如，你可能会发现当你对伴侣表达友爱的同情时，你并不开心。或者，伴侣可能对你的爱和同情压根没有反应。如果任何一种情况或两种情况都发生了，你的精神反应可能是想要离开。

注意：你可能认为自己提前就知道尝试爱的行动时会发生什么。但你并不知道自己的假设是否正确，直到你真正尝试过这个实验。你将会学有所获，然后成长、改变，靠的不是仅想着要采取精神力的行为，而是通过实际的践行与行动。许多夫妻在尝试精神伴侣关系时，并没有期望会有所变化，但当积极的转变真的发生时，他们都很惊讶。

桥牌游戏中，有一种玩法叫“飞牌”，在特定情况下会用到这一策略。哪位玩家持有大牌K将会决定这一策略的成败，就算失败了，在当时的情况下，这一策略也是对的。

同样的道理，如果你按照本书的指导专注于成为精神力进化最快的伴侣，你的努力可能会维系住这段关系或帮你结束这段关系。不管怎样，你所做的事都是对的，也符合你自己的精神价值。

问：为什么有时只是夫妻中的一人参与进来？除非双方都践行这一实验，否则精神伴侣关系无法奏效，对吗？

答：很多提供给夫妻的策略都要求双方积极合作。一起学习倾听、支持、妥协，然后解决矛盾。

但精神伴侣关系会邀你独自行动，把个人的精神实践置于这段关系中。它会让你发问:“要是我现在以精神上的方式行事，我会做什么？”

所以，事实上，精神伴侣关系是自己做的事情。在整本书中，我所提出的建议都不需要伴侣的合作。这也正是为什么相较于传统的基于沟通的方式，精神伴侣关系更容易、更有效的原因。

看看玛丽亚和道格的故事。道格的第二职业是景观设计师，这使得他晚上和周末都没办法回家。道格很喜欢这份工作，但玛丽亚却觉得他们并不需要额外的收入，而且希望道格多为家庭付出一些时间。两年来，玛丽亚既是恳求又是协商，但却没有任何改变。

有人告诉玛丽亚精神伴侣关系之后，她开始主动地、有意识地接受那些她知道无法改变的事，并非听天由命，而是一种精神上的爱和善意——这是基本的精神准则。这一转变让关系中的氛围发生了变化。之后，她开始想办法让道格更多地参与到她的精神伴侣关系的实践中，并说服道格让那些年轻人在他的工作中当“学徒”。道格喜欢这个点子。玛丽亚现在更开心、更放松了，所以他们在一起的时间也愉快多了。很快，道格决定回到之前，并把周六下午留给玛丽亚。他们开始对周六下午充满憧憬，会郊游或和朋友待在一起。

只要伴侣在积极回应你的善意和同情，你们就没有必要都去“学习”精神伴侣关系。别担心，你的爱与善意会有感染力的！（如果压根儿没有影响的话，你可能要重新评估一下是否要维持这段关系了。）事实上，精神伴侣关系超越了传统意义上的对错、公平和平等的概念，它所取得的成果远不止对错、公平和平等。

我知道，自己“处理这段关系”这一概念非常极端，而且对你来说可能没有吸引力，甚至会让你觉得不可能。当你听到要独自完成本书中的实验时，可能会感到恐惧或焦虑，这是很正常的。因为，可能你正在尝试的一些事与你历来的习惯背道而驰。我只希望你不要让恐惧阻碍你去尝试，即使感到害怕，也要慢慢地让自己尝试新事物。在精神伴侣关系中，我的建议就是要主动，然后默默地提供领导力。如果你发现自己对可能发生的事感到陌生或害怕而犹豫不决时，就和支持你的人谈谈。从你愿意尝试的小实验开始，不用觉得一定要马上改变一切。

对有些人来说，能够独自行动是精神伴侣关系优于其他方法的一个独特优势，因为他们从来没有能够走出说服伴侣合作的第一步。如果你的问题是“我的伴侣不去看咨询师”或“我的伴侣从来不谈这一问题”，那么本书的建议就非常适合你，因为你不再需要进行那些艰难的“谈话”了。

如果你和伴侣想一起加入精神伴侣关系中，你将会经历激动人心的时刻，因为一起参与效果会很好。但是，如果伴侣不满意的话，也不要担心。因为你的伴侣有权对此不感兴趣或不愿意，无论出于什么原因，对他/她来说都是正当的，请尊重这一点。独自践行精神伴侣关系，你依然会在精神之旅中取得进步，你们的这段关系也会非常受益。

问：我担心精神伴侣关系只是一种让女性放弃、向男性屈服的改头换面的说法。精神伴侣关系会让女性做出让步吗？

答：让我们再看看玛丽亚和道格的例子。在外人看来，当玛丽亚最终开始接受道格对景观设计的热情时，似乎是玛丽亚最终放弃了，只能让道格做自己的事。表面上看来她输了，女性一如既往地胆怯了，而男性则我行我素。

再仔细看看。实际上，这两年来，通过“协商”这一方式，玛丽亚一直在放弃。协商除了让她心生怨恨之外，什么也没有帮到她。而且，面对玛丽亚的怨恨，道格从未改变过。所以，玛丽亚除了放弃，别无他法。而且，她还感到生气和愤怒。

当玛丽亚有意识地在精神上采取行动并且主动出击时，她放弃了争吵，而且对景观设计这件事也表示出宽容的态度，所以一切都改变了。请注意，道格也确实有了改变！在玛丽亚提供的有爱的而非指责的、消极的氛围中，道格改变了。

玛丽亚变得宽容、富有同情心并不是为了让道格改变；她这样做是为了尝试将精神伴侣关系付诸实践。但只有当她开始在这段关系中提供精神领导时，真正的改变才会开始。

玛丽亚输了吗？道格如愿以偿了吗？在精神伴侣关系中，我们甚至不会问这些问题，因为这些问题暴露了我们看待事物的旧方式。按照精神价值行事，玛丽亚成功了，她的行为是出于自爱和对伴侣的爱，并不是为了达成某种目的。

回想一下我们每个人内心深处闪耀的小火苗，生活就是为了让这小火苗明亮地燃烧。玛丽亚无休止地与道格“协商”，让他放弃景观设计的工作，其实是在无意中告诉对方：“你不好；你不公平、不体贴。”道格的内心的小火苗渴望的是爱和支持，却只收到了批评。所以为回应玛丽亚的攻击，他为自己的行为辩护以保护内心的小火苗不被对方浇灭，也确实是合适的。第二阶段中的沟通技巧会导致类似的对立局面，我们可能会深陷其中。

如我们所见，如果主动创造爱和支持的氛围，有意识地想办法让伴侣内心的小火苗燃烧得更明亮的话，伴侣就更可能做出你所期望的改变。

精神伴侣关系有时乍一看是有人要屈服、失败或“牺牲”，但事实是这些在精神伴侣关系中都不存在。在精神伴侣关系中，你的任务是想办法平衡自爱和对伴侣的爱。

这种平衡，始终是由你控制的。

在精神伴侣关系中，我们会学习专注于爱他人而非被爱，理解他人而非被理解的具体方式。很多夫妻现在都明白了，在学会更自由、更开放地爱他人的同时也关爱自己，就会得到相应的爱，而且往往比自己想要的还要多。

问：精神伴侣关系和心理学是什么关系？

答：过去几十年，我们对关系的理解是由心理学模型主导的。我们听过要摆脱童年的行为模式是多么困难；以及如何向伴侣传达我们还没解决的问题；如何下意识地选择伴侣，使其能帮我们解决我们与父母之间的问题；性格如何影响人的行为；以及如何理解和应对性别差异。我们学会了如何互相倾听以及如何索取自己想要的东西。我们知道了把家庭视为一个“系统”的重要性，在这个“系统”中，每个人都在不知不觉地扮演着维持不正常模式运作的角色。

精神伴侣关系的一个重要方面是提高觉悟。知道心理上的变动如何影响自己的关系，也是精神伴侣关系的重要内容。了解自己或伴侣的性格类型、儿童时期的生活、习惯性行为以及“功能失调模式”很重要，这对你尝试接纳和同情、练习克制以及独自行动可能有很大的帮助。

精神伴侣关系是对来之不易的心理学智慧的融合和提升。事实上，如果没有心理学的重要成就，我们现在就无法转向精神伴侣关系。

与优秀的治疗师、夫妻关系顾问或治疗团体建立关系，是精神工作的重要支撑。当全身心投入心理工作时，就一定会提高对自己的认识，在区别“受制”自我和真实自我上也会获得帮助。而且，由于治疗关系和治疗团体是亲密的，你将体会到人与人之间的联系，甚至可能是一种全新的层次或类型的联系，这同时也是精神力的一个重要方面。

传统上，人们认为心理分析与精神工作不同。人们觉得“心理学帮人树立更强大的自我，而精神工作的目标是超越自我”。确实有一些精神实践的最终目标是丧失自我的体验。但是，我相信大多数人生活在不那么“高级”的精神实践层面，在这里心理学和精神工作的目标是相似的，那就是让自己变得更有自我意识、更真实、更有爱、更能与周围的人建立积极联系，生活得更开心。

杰克·康菲尔德将心理和精神工作视为互相支持的关系：

> 西方很多认真研究精神之旅的学生和老师发现让心理学来协助人的精神生活是有必要的，也是有用的。很多尚未这么做过的人都可能从中受益……精神实践已经证实精神生活中许多深层问题仅通过冥想是无法解决的……最好的现代疗法更像是共同分享冥想的过程，治疗师和来访者一起学习，密切关注靠自己可能无法触及的有关自我的方面和维度。

艾伦·卢在他的自传中，讲述了自己在考虑是否要离开第一任妻子时的犹豫不决，并且他发现冥想没有帮到他。最后，他决定寻求治疗师的帮助。短短几节课，他就获得了有关早期家庭印记的深刻见解，这让他的内心极为清澈、平静。

在我自己的人生中，我精神之旅的一个重要阶段的指导来自心理治疗师。第一次婚姻破裂让我陷入了绝望的黑暗。我很迷惑，没有方向，内心充满了对自我的厌恶和羞愧。很快，我找了一个我觉得非常有安全感的治疗小组，我可以向他们说出我内心最深处的脆弱。

更重要的是，治疗师和小组成员一直非常有爱地指出那些对我无益的方式、那些我对自己撒过的谎，那些我试图亲近却让我和对方越行越远的行为。他们能看穿我的防御，每当看到我真正的内在力量时，他们就会来帮我滋养它。他们反复地看着我那微笑掩盖下的内心深处的感情，然后一遍遍地指出来。

渐渐地，在他们爱的支持下，我开始谈论起那些让我感觉痛苦的遗憾。尽管很慢，但最终还是坦诚取代了我多年来为保护自己而养成的用微笑来掩饰的习惯。虽然是在“心理”上发生的，但这绝对是精神上的事情，它正把我推向连接和真实的方向。

总之，就两点：心理分析和精神工作的目标往往是密切相关的；心理学的方式在精神成长之旅中也非常有用。

第十二章

精神伴侣关系中的沟通

正如贯彻本书的观点那样，沟通不一定是构建良好关系的最佳方式。如果你的关系确实出现了问题，那么相较于靠谈话建立幸福的婚姻，爱的行动将会让你更快、更有效地回到彼此相爱和享受亲密关系的状态。

爱的行动将使你的关系不再只是“功能性”的关系，而是一种为彼此带去欢乐、爱与尊重的愉快的陪伴。一旦你发现了这些魔力，你会一直继续下去。

但是，爱的行动帮你建立起亲密和爱的坚实基础之后，语言交流就能发挥其应有的作用，即拉近彼此的联系。交流可能不是实现良好关系的最佳途径，但好的交流却是爱所带来的伟大回报之一，是一段良好关系的标志而非手段。爱能激发许多对爱的表达，语言交流就是其中之一。

良好的沟通是亲密关系长久的基础

要理解语言交流在爱中的正确作用，必须首先看看“亲密”这个经常被误解的词语的含义。亲密不是海滩上的浪漫散步，不是温暖的壁炉前的性感夜晚，也不是优雅的晚餐。亲密也不等于性。

这些行为可能发生在两个亲密的人之间，但他们之间的关系却不一定是“亲密的”。事实上，当这些事发生在两个并非真正亲密的人之间时，就是我所说的“伪亲密”或亲密型行为。

亲密非常简单，它无关外在，是以更公开的方式和他人分享你的内心生活。它是彻底的、坦诚的自我披露，并且相信对方和自己一样有着最深处的恐惧和最大的脆弱。亲密就是探究并袒露真实的自己。

袒露自我分为两步：第一，必须发现真实的自我；第二，必须足够相信对方并向对方分享。言语交流是这两步中不可或缺的一部分。

探索作为个体的真实自我

杰西卡感到自己变得焦虑了。好几个月以来她吃得都很好，之后她突然发现自己在吃垃圾食品，而且也睡不好觉。有个朋友问她近况时，她发现说“一切都很好”让她感到不舒服，她也不知道为什么。生活中的一切似乎都很顺利。

一天晚上，她的朋友明智地带她出去喝酒，然后开始问她问题，例如，“跟我说说你的新工作怎么样呀？”

“哦，我很喜欢，”杰西卡开始说道，“我觉得非常幸运，和我一起工作的人都很好。”

杰西卡花了三四十分钟的时间讲工作上的人和事，令她惊讶的是她发现自己实际上在工作中感到职权被削弱了，得不到支持，她对自己的工作也没安全感。她感觉很生气，主要是对自己，因为她现在才意识过来——有两个人在破坏她的工作环境，但是她没有站起来反抗。

交流这一方式帮杰西卡找到了真实的自己。这是第一步。

杰西卡很感谢朋友让她意识到自己的焦虑并帮她分析原因。如果没有机会说出工作中发生的事，可能连续好几个月她都不知道自己焦虑的根源，也不会意识到自己不必在工作上表现得那么“友好”，也不会明白自己其实可以更自信，这些让她很震惊。

很遗憾，在日常生活中，发现自己内心真实想法的机会很少。因为这样的机会通常不会自己出现，而必须由我们自己去制造机会，但人们通常不会花时间这么做。.

人们需要的是一段悠闲、开放的时光，在这段时光里，你可以有意和他人谈论自己的生活、感受、抱负、失望、担忧。这个人可以是朋友、亲戚、亲密团体、收费的专业人士（例如治疗师或咨询顾问）或你的亲密伴侣。

个人成长静修班或研讨会可以成为发现自身潜藏的真实面貌的绝佳催化剂，或者，很多人从支持小组中也曾获得过有价值的见解。人们要长期会面才能建立彼此之间的信任，然后，小组中的每个人通常会有至少半小时来谈论自己的烦恼，而“警报小组”的成员可以聆听或许需要深挖的线索。

例如，最近一次女性小组的会议上，一位叫布伦达的成员说：“父亲去世了，但我感觉还好。对这件事，我也没感觉到有什么遗憾。”

另一位女士听出了这些话的背后的含义，她对布伦达说：“再跟我们多说一点儿吧。”在接下来的40分钟里，布伦达谈论起她的父亲，最终还告诉了我们一个她很难开口讲出来但至今依旧存在的遗憾。她十分难过，泪流满面。

杰西卡和布伦达都利用沟通来发现自己真实的一面。我们所有人都需要这样做。很多时候难以启齿的真相往往隐藏起来了，若一直隐藏的话，最终必定会背叛你。你所不了解的有关自身的那部分对你有很大的控制力并占据着主导地位。交流自己的感受是进一步了解自己潜在真实面貌的方法之一。

和自身交流的另一种方式是写下来。无论选择哪种方法，你通常都要主动想办法来探索自己的内心，从而知道当下真实的自己。遗憾的是，许多人一生都没这么做过。那些致力于探索深深隐藏的真相的人往往对其他人很坦率。想想看，为了显示自身的优越和强大，老板会巧妙地贬低员工。对于身边的人来说，他的不安全感是显而易见的，但他自己可能永远不会发现这一点。他可能永远不会为自己创造机会，来审视自己的行为，理清自己的感受，或大声向他人说出那些最让他感到受伤和害怕的事。显然，关于自己，他还有很多不了解的地方，除非他有意去探索自己的感受，否则他永远不会知道这些。

探索作为夫妻双方的真实自我

夫妻之间多年来一直避免谈论那令人痛苦的真相。他们意识到彼此之间更疏远了，或许还会渴望重拾以往亲近的、有爱的感觉。但是，如果没什么事或没什么人帮他们想办法谈论彼此之间到底发生了什么的话，他们可能需要很多年才会意识到那令人痛苦的话题对他们的影响之深，或者压根儿不提这些事。多么可惜呀！米奇和奥珀尔喜欢待在一起，而且他们之间有很多共同点。但在第二个孩子出生后，奥珀尔对性的兴趣急剧下降，他们也很害怕谈起这件事。两个人之间产生了怨恨。他们怀念原来的亲密无间，但他们越少谈论这个禁忌的话题，这种感觉就越可怕。他们都担心如果提出这个问题的话，他们的关系就彻底毁了。

经过几乎没有性生活的10年之后，奥珀尔在杂志上读到一篇文章，故事里的女性和她很像。她觉得这篇文章肯定是在讲自己，而且讲得很准。尽管有些害怕，但还是鼓起勇气给米奇看了这篇文章。他们熬了一整夜直到第二天都还在聊啊，聊啊，聊啊，哭啊，抱着对方，谈了很多，最后还做爱了。问题没有立马解决好，但不同之处在于他们现在会一起解决问题，既有爱又有耐心；他们也不再将问题归结为奥珀尔。他们寻求了专业人士的帮助，主要是因为他们重拾了精神上的联系，因而再次成为彼此理想的伴侣。

“要是10年前就这么讲出来就好了，”奥珀尔和我说，“总觉得了解得不够，还没准备好。但是我很感激我们没有再等10年。”

如果存在“责备”，那就说出来

在女性小组中，有一句话叫:“如果存在责备，那就说出来。”意思是，如果你对某个话题有某种情绪，特别是一直不愿意讲出来时，那就敞开心扉谈一谈。越难提出或展开，就越有必要谈一谈。

我们都知道，在别人的鼓励下先说“我不知道今天想谈什么”或者“我想谈谈这段关系，但是不知道该说些什么”，都是可以的。通常，这是最有成效的谈话。当讲话者探讨复杂情绪的事时，我们在一旁倾听并完全支持她，并且见证了她对自己有了新的认知。

请注意，“抗拒”谈论某事通常用的是这样的理由，例如，“这不是很重要”或“我一直觉得应该谈论这件事，但我确实没什么可说的”。考虑用一下那些话语来作为开头，和伴侣或朋友交谈。在此之前你或许可以这么说：“你介意听我讲一会儿吗？这样我可能知道自己怎么了。”

我相信“如果存在‘责备’，那就说出来”是生活中最重要的方式之一。有时，要意识到对某一话题存在“责备”（情绪）可能需要一段时间。但是无论你什么时候意识到有一些重要的事没说时，一定要找个人，找个地方，你可以和他以一种开放的方式讨论它。这是走向真实自我、自我觉悟和相互联系（即精神成长）的最直接的方式之一。

分享真实的自己

与亲密伴侣进行“探索性”的对话是一种美好的体验，并且可以建立彼此间的亲密关系。但是，正如所见，这些经常发生在有他人参与的情境。然而，亲密关系的关键是和亲密伴侣分享你所发现的的事，即使你是在别处发现的这一点。

当与他人分享真实的自我时，对方没有批评而是很有爱地接受你的真情实感，这才是真正的亲密。这是第二步。

创造沟通机会

夫妻很容易陷入生活琐事中，忘记以亲密的方式分享、交谈。一些非正式的构思或精心的计划都可以产生很大的影响。事实上，实现亲密沟通的最佳构思之一就是没有构思。虽然大多数人生活很忙碌，但确实需要一些没有任何安排的时间！

我认为每对夫妻都需要创造一些“无议程安排”时间，和彼此待在一起。当一起开车去某个地方的时候，或周日早餐时间延长一些时，也不做什么特别的事情（就聊聊天，而不是看报纸），睡前泡个热水澡，散散步等。这些时候，就可以提出那些需要讨论的话题。

迈耶和我都很感激我们的狗，因为它，我们俩每晚都得出去散步。不管多晚，不管多累，都会去遛狗，我们也一直很享受这件事。很多时候，我们都知道自己绝不会主动出去散步。但真正到了晚上的时候，我们又享受着傍晚的空气、宁静的社区、明亮的天空，看着月亮、行星运行，说说话。我们一起集思广益，讨论彼此的工作；谈论家里发生的事情；幻想未来；分享彼此对电影或时事的感受。某些事说出来后，我经常想，如果没有这些闲谈，可能永远不会说出这些事。很多事并非是改变人生的事，但是会产生一些很重要的想法或者彼此之间共同的感受。

泡热水澡、与朋友吃完饭多逗留一会儿、周末外出、慵懒的周日午后、乡间长途驾车以及轻松享受彼此无言的陪伴等，你知道在家庭内部安排这些“非议程”的时间来进行自发的谈话是很好的。这种交流在精神伴侣关系中至关重要。

精神伴侣关系中的言语沟通

现在，在我们对精神伴侣关系中沟通的作用有了一个完整的认识。当努力践行关系中的精神价值时，即变得更加紧密、更加符合自身的本质、更有觉悟、更被爱激励时，你就不会使用“沟通技巧”来改变伴侣以便更好地满足自己的需求或者说服伴侣让其知道你对而他 / 她错。不要试图通过无休止的讨论和争论来解决问题，而是通过有爱的行为来实现改变。你会克制自己，并且以有爱的、大度的方式行事，即使自己不喜欢，你也会主动想出创造性的办法去解决矛盾和冲突，并尽可能地表现出接纳和同情。

实验 21　无议程安排时间

1. 如果你还没做好准备，那在接下来的几周预留出放松的时间，和精神伴侣待在一起，也不用做什么特殊的事情，就开车、散步、带孩子去奶奶家玩一天或者仅仅是一起出去逛逛，任何适合你们的事都可以。

2. 坐下来想想有没有什么话题存在“责备”之处，有没有一直回避谈论的问题？此时此刻你对什么事抱有情绪？有没有什么事是你觉得无法解决的？如果有的话，找个轻松的时刻和伴侣谈谈。记住，你可以这样开始：“我不确定我想说什么。”

你们用语言交流的目的是为了享受彼此的陪伴，分享你们的兴趣和日常生活，讲讲故事，通过亲密的分享来促进自己和伴侣的精神成长。因为感觉是提升意识的方式，你将通过交流来发现和探索内心深处的感觉，这些感觉或许会让你觉得麻烦、惊讶甚至讨厌。在精神伴侣关系有爱的和安全的氛围中，你将延续自我发现之旅，而且会更贴合最高层次的自我。

第十三章

做出成熟的判断

爱的行动、指导方法以及规则，甚至包括那些为打破规则而制订的规则，终归是有限的。它们都是有用的学习工具，但现实与为简化教学而做出的清晰分类并不相符。

当我们获得精神上的成熟时，我们将会面对我们所讨论的爱的行动和其他指导方针存在不足的情况。

问适当的问题

“精神上的”方法通常会问，怎么做才是最真实的自己？什么会拉近距离而不是导致疏远？爱需要什么？觉悟怎么引导人？我们怎么能屈服于自然规律呢？

答案因人而异。先前的指导方针或爱的行动并没有涵盖这种情况。现在，我们已经来到了更广大的领域，在这里，没有预设的精神行为，但有一系列预设的问题。作为精神上有追求的人，必须依靠精神实践中所付出的努力，以及深入最真实自我时所得到的答案。

爱需要什么？什么行为危害最小？什么行为会实现最大程度的爱和幸福？无论决定是什么，我们的行为是善意的吗？是有同情心的吗？会带来好处吗？

当你面临艰难的抉择时，我不会告诉你精神伴侣的决定是什么。因为那不重要，重要的是处在这种情况下，你会做什么决定。

你的决定对你来说也许是很轻松的，也许是一次可怕的过程。但是能使你的决定算得上是“精神上的”，不是你做了什么决定，而是你如何做出决定。你所做的决定是否让你走向连接彼此、真实以及爱的方向呢？精神之路并不是一条容易走的坦途，这是一条“人迹罕至的路”。

真相的模棱两可性

让我们来看看有时说真话的模棱两可的地方。

人们普遍认为，一旦和某人很亲近时，你会一直对他/她完全诚实下去。当你生气时，如果压抑住怒火，内心会受到侵蚀，而且压抑住的怒气会间接地表现在其他地方。当你感到被欺骗时，你必须大声讲出来并索要自己想要的。当你做了后悔的事时，你必须马上承认。抑制情感对你自己和关系本身都不好。

在某些情况下，这些说法是对的。

但精神上的方法并不总是那么清晰、直接。时刻都要完全诚实，这带来的压力会剥夺人在不同情况下做出不同评判的权利。有时候，更明智的、精神上更开明的选择是抑制住痛苦；或者独自管理好情绪，不把情绪强加给伴侣。像这样的评判必须先询问更高层次的自我，问问自己什么是真实的，什么是有用的、有爱的。

精神上要做到的就是时刻对自己完全诚实，这是一项重大任务。之后，和伴侣一起，对自己说过的话以及什么时候说的进行评判。

爱或欺骗

我的一位朋友有时会用信用卡和支票簿来分摊花销。“我丈夫看的是信用卡账单，”她和我说，“但支票簿是我自己来管的。他不知道衣服的花销，但我很清楚我们负担得起所买的东西。我不会每一笔花费都和他商量，也不会向他证明这些花费是合理的。所以，为什么不让他免遭这些痛苦呢？”

我的朋友在骗人吗？如果她向她的丈夫保证过花销不超过某一数额或者保证不买某件东西，但还是这么做了，并且用现金支付来掩盖事实，这么做才更会被认为是欺骗。但如果她没这么承诺过，她的做法难道不是在“独自行动”以减少关系中的矛盾并且照顾自己吗？难道向丈夫坦诚所有花销就是最有爱的行为吗？

这种情况下，爱需要什么？什么行为危害最小？什么行为会实现最大程度的爱和幸福？无论决定是什么，我们的行为是善意的吗？是有同情心的吗？会带来好处吗？

这一切都取决于你自己。

避免痛苦或全盘托出

为了“避免伴侣痛苦”而不告诉伴侣某些事情，最难的部分是弄清楚自己是不是为了方便自己而在自欺欺人。你是否在否认自身的行为对彼此的真实影响？

小组中的一位女士芭芭拉认同这个观点，她分享了自己的经历。她和丈夫关系很好，之间没什么大问题，都非常关心彼此的生活。但是她有一件事隐瞒了丈夫10年，那是她曾经的一段痛苦的感情经历。虽然这件事发生在认识丈夫之前，但是在她心里留下了深深的烙印。终于有一天，她决定把这个隐藏在心里多年的秘密告诉丈夫。她跟自己说：

> 这是我熟悉并且完全信任的人。我知道我把秘密说出来是安全的。我只是不知道我那愉悦的体验会给他人带来怎样的伤害。但是，我想说我再也不想这样做了。如果预先考虑过的话，我觉得事情会不一样。现在，这个我绝不会告诉丈夫的秘密，我不想再保守了。但我还是觉得当时那么做是对的。我为什么不让自己享受这无比愉快的时刻呢？谁会受益呢？

我在很多小组中都讲过芭芭拉的故事，反应从未统一过。有些人认为芭芭拉的欺骗显然伤害了她的丈夫，而且二者之间的亲密也不复存在了。有些人认为精神层面要求她告诉丈夫全部的、赤裸裸的真相。其他人则不认同，说在这种情况下讲真话会引起不必要的痛苦，并且这只是芭芭拉的“自我放纵”。

你怎么看?

精神层面要求你提出正确的问题，但没有规定正确答案是什么。帮助你做出成熟的精神决定的是你的精神实践。越专注于精神伴侣关系中的爱的行动，从爱、同情和接纳中所获得的力量就越强，你就能更好地根据精神原则做出艰难的决定。与自己的精神保持一致并且内心平和的话，你就会相信真实自我传达的信息。这种状态是任何精神实践的最终目标，包括精神伴侣关系。

第十四章

精神伴侣关系中的“精神”

在本书中，我们一直依赖于第一章中提出的“精神”的简明定义。现在应该更详细地探讨这一概念了。当使用“精神”一词时，是指什么意思?

我一直对这个问题所引起的回答很感兴趣，并且花了几年时间来组织自己的定义。在这里提出来是为了交流意见，同时也强调一下精神之旅和关系之旅结合在一起的方式。

回顾第一章中所说过的内容，变得具有精神力就是承认自己与整个世界、所有人及所有事的联系，并且努力争取一切时间，为加强而非减弱这种联系所涉及的思想和行动而奋斗。精神力会让你更接近最高层次的自我。

精神之旅就是个人之旅:

- 从分离到连接。
- 从虚假自我到真实自我。
- 从恐惧到爱。
- 从沉睡到觉悟。
- 从控制到顺应。
- 从不安定到内心平静。

稍后将深入探索精神之旅的这些方面。

现在就来更详细地探讨精神力的六个方面。

从分离到连接

人与人之间不是彼此分离的，人与世界以及世界上的任何事物都是一体的。每个人都是一种存在形式。

在生命诞生之前，没有独立的存在，只有存在本身。然后，亿万年后，有了生命。之后，生命开始以不同的形式呈现。我们渐渐意识到自己有了生命，开始自己去经历事物，我们开始体验到自己与他人的不同。

现在，我们感觉自己是独立的。但在内心深处或者集体心理的深处，我们知道事情并不总是这样的。每个人都是生命的一部分，就像每一滴水都是海洋的一部分一样。

精神力让我们回忆起那个只有存在本身的时代，那时的存在是幸福的，因为没有分离，没有分裂，只有统一、荣耀的一体。

精神实践是一种尝试去记忆甚至去感觉这种失去的统一意识、自我意识以及所有人共有的本质属性。精神追随者的最终目标是实现与世界的神秘统一。任何用语言表达经历的尝试都是徒劳的，因为它试图描述一些只能靠经验感受到的事物。但是，很多哲学家都试图用文字和隐喻来描述难以描述的事物。

> 我们不是“加入”这个世界，而是在逃离这个世界，就像树叶离开树一样，就像海洋“波浪”宇宙中的“人民”一样。每个个体都是自然界的一种表达，是整个世界的一种独特行动。
>
> ——艾伦·瓦茨

在人们开始意识到自己是眼前一切事物的一部分时，肯定会经历几个阶段。当践行精神伴侣关系时，你或许会瞥见你与伴侣共有的本质，甚至体验到一种神秘的统一。

人与人之间的相互联系

索博恩福·索梅是一名来自非洲达加拉部落的女性，她离开了熟悉的群体，把达加拉人民的精神理念传达给西方。在书中，她写道：

> 土著人谈精神时，基本上指的是一切事物的生命力。例如，可以指动物的精神，即动物的生命力，其有助于我们实现人生目标并保持我们与精神世界的连接。
>
> 人类的精神也与此相同。传统上，每个人都被视为一种以人之形来实现目标的灵魂。精神是一种力量，能帮我们实现联系，能让

我们的眼界不被种族限制，也能通过仪式帮助我们，以及帮助我们与先祖联系。

和许多传统群体中的精神追随者一样，索博恩福认为社会中的问题是人失去与精神、群体和彼此的联系所产生的直接结果。所以，当她看到有人过着与家人、精神相分离的生活方式时，她感到很震惊。

所以，我们所说的"精神力"，首先是指能让我们走向连接的任何事物，这种连接是彼此之间的联系，是与我们精神层面的联系，最终，是实现人与世界万物的联系。精神实践帮助我们意识到，人类最纯粹的本质都是一样的。我们虽然外形不同，但作为人类的经验都是一样的。站在伴侣的角度上换位思考，你会内心充满同情，体会到对新生儿、动物或精神伴侣的爱，或对大自然的美充满敬畏，这都是人与其他生命以及所有万物存在深层连接的表现。

从虚假自我到真实自我

以乔为例：

6 岁时，乔正在和一只小猫玩，然后有人走了过来说他"娘娘腔"。他感到难过，觉得自己被嫌弃了，也没人爱他。他希望消除这种可怕的感觉，所以他为自己打造了一个面具，即硬汉。

乔发现，如果自己戴上面具的话就能更好地融入男生中。面具掩盖了两点：被嫌弃的痛苦；那个喜欢猫咪的可爱、纯洁的小男孩。

从三个层面来看：乔的外在是起保护作用的硬汉形象，我们也可以称之为“受制人格”或“面具”，以向世界展示他自己，心理学家称之为“防御”。外在之下，是因为被唤作娘娘腔而产生的羞愧，也是害怕自己不被人爱所产生的恐惧，这也正是他需要戴面具的原因。恐惧之下，则是完美真实的乔，这个他喜欢小猫、性格顽皮、自信、可爱且充满爱。

安妮的成长过程中，父亲经常出差，母亲也有工作，父母几乎不在家。安妮很小就开始做很多家务，但父母经常批评她，很少表扬、拥抱和亲吻她。

安妮渴望父母的爱。但父母对她的冷漠使她痛苦不堪。她的心有点儿疼，很渴望被拥抱。

所以安妮戴上了面具：自给自足。她不必为缺乏父母的爱而痛苦，而是在潜意识里骗自己说并不想要或者并不需要父母的爱，也学会从不要求或期待爱。

面具确实起作用了。安妮不会因为渴望却得不到爱而痛苦。面具掩盖了毫无回报的渴望，也掩盖了那个纯洁、真实、内心渴望爱的安妮。不论是痛苦还是真实的自我都被隐藏在她的防御背后，即为保护自己免受痛苦而培养的人格。

面具如牢笼

戴上面具是正常的，有时这种反应甚至是好的。面具或防御是人类保护自己不受环境中敌对因素侵害的一种方式。面具是公众面前的自我，是展现给世界的人格。

最初，面具会保护我们。但之后，面具会削弱我们。长时间之后，这种保护失去了作用，变成了我们无意识的习惯。现在，乔完全被认为是硬汉，也不会哭。安妮从未有过亲密的关系。乔和安妮对亲手建起的这个“监狱”都毫无感觉。

防御扭曲了我们的世界观。我们所看到或听到的一切都是经过习惯性行为过滤的，所以是有偏重的。乔认为他所取得的一切成就都是他变成硬汉的结果。安妮透过对孤独的伪装来看待所有人，所以认为没有人是温暖的、有爱的。

精神之旅是指摆脱保护性外壳的旅程，在这个过程中，我们不再将痛苦隐藏起来不让自己和他人看到，并最终成为纯洁、真实、无所畏惧、对自身满足、无须隐藏的自己。

现在有很多人在谈论有关精神自我的话题，我相信这是谈论真实自我的另一种方式。当你认同你的公众自我，与你真正的欲望和激情失去联系，就与精神自我脱节了。精神上的那个你知道什么对自己最好，也希望回归真实自我，真实自我在呼唤、指引重回那个充分表达自我的真实自己。

真实的你在世界上是独一无二的,因而是至关重要的。当戴着面具时，人的外表和行为举止和很多戴着类似面具的人一样，那不是真实的、鲜活的、闪耀的自我。世上大多数戴着面具的人都在忙着和其他人取得联系，并且把面具看得很重，他们热切地加入他人的工作，加入充满防御的关系中，也在不知不觉中教导孩子戴上同样的面具，就像他们一直以来所做的那样。他们从没有开始过精神追求，也不知道自己真正的样子，就这样过完了一生。这就是人在精神上和非精神上的区别。

通往真实的个人之旅

你性格的主要特征是什么？你是否会用它来掩盖强烈的情感，无论是强烈的快乐还是强烈的悲伤？

以上两个问题足以开启精神之旅，即人生的光辉之旅。如何找到答案并不重要，你可以和朋友交谈，可以冥想，可以写日记，可以参加个人成长课程。如果你从没问过这些问题，找答案恐怕会花费一些时间，而且会引发其他的问题和答案。这两个问题是通往终生精神成长的一个入口，但不是唯一的入口。

> 虚伪的基础是我们对自己持有的理想化形象，并希望强加于他人。
>
> ——巴勃罗·毕加索

真实自我和爱情

如我们所见，生活中幸福的关键之一是与他人充满激情和爱的联系。但有时，当你渴望与他人深入联系时，无论是否处在一段关系中，这种深切渴望可能是为了你自己。如果不先和自己建立联系，那就不可能和他人建立联系。

当你与真实自我构建起联系时，就会体会到内心深处的情感，你自身的渴望也会得到满足。在此之前，和他人的联系不会让你感到满足。“外在自我”无法与人真正亲密，它只能玩猜谜游戏。只有真正的自我才能建立真正的联系。

你所渴望的可能是二者兼备：一个能支持你，并透过外在自我挖掘隐藏情感的人。在一次研讨会上，一位与会者直截了当地说："我渴望有人能打开我的壳。我感觉自己像个包裹着厚厚的壳的人，我希望有个足够爱我的人能把我从墙上推下去，用跌倒让我粉碎身上厚重的壳。"

真实性如何加深联系

实现真实、深刻的自我认知和自我接纳的个人旅程是实现令人满意的爱情关系的直接途径。精神所拥有的爱的力量远远超出人格所能及的。越关注精神，也就是说越能被内心深处的情感萌芽所激励，就越能成为最真实的自己，越能与伴侣建立更深层次的联系。

有一位女士在女性小组中待了几年，她本人就是展示"人格"和"真实自我"之间的差异及其对人际关系的影响的鲜活例子。她总是异常热情，并且微笑着鼓励他人。我们开始用最亲切的方式称呼她为"弗罗伦斯·南丁格尔"（英国女护士，开创了护理事业），从而让她意识到自己是多爱急忙帮助他人甚至拯救小组中的其他人。有时，她安慰的话语是不合适的，因为这些话让谈话者无法更深入地探讨问题，无法让她对自身有新的认识。

有一周，"弗罗伦斯"带着极大的痛苦来到这个小组，因为她的母亲被诊断出患有癌症。当帮她表达出内心深处的恐惧时，我们都注意到她发生了巨大的变化，她的眼泪发自内心地流了出来。她的脸色柔和得令人难以置信。她哭了一会儿，又说了一会儿话之后，这张以前总是很"开心"的脸开始焕发出我们从未见过的光彩。她鼓起极大的勇气，怀着极大的信任和我们分享了她内心深处的脆弱，因而变得真实了，我们都感受到我们与她产生了联系，深受感动。我还记得当时我对她充满了爱意，但在那之前我觉得她有点儿烦人。她的感受和我们类似，也感觉离我们更近了！

在那之后，这位女士花了更多时间以真实自我和我们相处，仍然是热情、富有同情心的，但没那么害怕，没那么紧张，也没有因为恐惧而恢复之后习惯性的行为。我们都说自己和她的关系亲密多了，更信任她了。我们与她之间的联系加深了，因为她学会了如何真诚地与我们相处。

通常，关系本身会让你接触到真实的自己。当你把自己投入到他人身上，并且把希望和梦想寄托在某段特定的关系上时，人自然而然地就会让自己变得脆弱。爱的本质就是人会在某些方面依赖爱人。尽管一定程度的依赖是完全可以的，也是正常的，但是依赖也可能是可怕的。这种恐惧是真实自我的一部分。不要因为感到陌生、不愉快就逃避，而是要直面问题。脆弱总是会给你一个精神成长的机会。

不那么受制、更加真实的自己被埋藏很久之后第一次表现出来时都是脆弱的。一开始，你会感到脆弱、恐惧、羞愧和悲伤。但如果成为某段关系的一部分，并且在这段关系中当你真实的一面被接受、被喜爱时，你就会体验到放松以及进入真实、朴实的自我所带来的极大乐趣，就像“弗罗伦斯”所做的那样。在那种状态下，你就是完全讨人喜欢的。别人可能会被你吸引，感受到对你的爱，并感受到与你的深度联系。

现在，想象着和你所爱之人经历一次这样的事。

卸下面具

生活中绝大部分情况下，外在自我都是合适的。但每个人必须至少有一个人——你觉得自己在他 / 她面前展示真实的一面是安全的，这是一项基本的精神任务。这个人可以是爱人、朋友、家人或者专业的协助者。

然后，如果我们能在生活中找到更多卸下面具做真实的自己的机会，那我们就获得了成长，从而也激励他人这样做。这就是为什么精神上的追求有时会引导人们离开做真实的自己会被取笑的高层职位，或者引导人们摆脱发现真实自我对他人造成威胁或引起反感的一段关系。

所以，通往真实的精神旅程与追寻和他人相处的真正幸福是交织在一起的，是同一追求的两个方面。精神伴侣关系，对于支持你自己和伴侣寻找真实自我都有所助益。

从恐惧到爱

如果精神力是真实以及体验的联系，那么爱就是对这些方面的表现，它可以被称为“精神行为”。爱不仅仅是没有矛盾，也是一种独特的存在方式。表达爱，能促进他人的幸福。爱追求和谐氛围，创造快乐、狂喜、激情和幸福。

爱的对立面不是恨，而是恐惧。最主要的恐惧是，“我打心底里感到无助、脆弱、自卑和糟糕，但我不想让别人发觉这种感觉。”恐惧是一种能量，它会收缩、隐藏或突然爆发，具有操纵性、贪婪性。爱是一种扩展的、开放的、可分享的，同时具有治愈性的力量。

爱自己

自爱又一次被归结为做真实的自己，因为了解真实的自己就是爱自己。如果只知道外在自我，不了解真实自我的话，就很难做到自爱，因为人没办法爱自己不了解的事物，那就只能害怕了。

真正的自爱，是自我探索得来的，和我所说的“伪自爱”是有区别的。有些人表现得像是爱自己，因为他们会说自己多么有才华或多么成功。但是，最糟糕的情况是这些人可能是傲慢、自私的，相比于倾听他人的事情,他们对讲述自己的故事更感兴趣。这些人会说“我不优秀吗？”来掩饰内心深处缺乏安全感的事实，比起他们自己，这种不安全感对周围的人来说更明显。真正爱自己的人靠的是发自内心的平静和力量，并且不需要向他人传达这种感受。

大多数人对自爱都有很大的误解。他们觉得自爱的人之所以那样是因为一开始就做得好。他们出生在很好的家庭，既聪明漂亮又事业成功，一般都能化腐朽为神奇。他们没有任何恐惧，不会犯任何错误，也不会觉得不安全。这些人之所以自爱是因为他们所拥有的这一切很容易被爱。

错了。

和其他人一样，许多自爱的人在成长过程中都经历过艰难时期。他们也有痛苦的遗憾，也会感到自卑、嫉妒和没有安全感。但他们学会了如何去接受自己的“好”与“不好”。自爱不是爱自身容易爱的部分，这没什么挑战。自爱就是爱全部的自己，包括不喜欢或不想看到的部分。爱自己的人对自身的恐惧、焦虑、坏情绪、痛苦、羞耻以及悔恨都非常熟悉，已经学会了爱的全部。

你就是你。你已经做了你该做的,父母也无法改变。有些事可以改变，但有些事改变不了。所以，你可以选择：要么争吵、憎恨，继续当过去的受害者，当那个你讨厌的自己；要么友爱地接受一切。顺着马前进的方向骑马，这就是自爱。

最近，我带一位朋友出去吃午餐给她过40岁生日。

“40岁了，你是什么感觉？”我问她。

“我真的很喜欢现在的自己，”她告诉我，“我终于觉得要接受现在的一切，并乐在其中了。如果我现在还没实现自我提升的目标，我想我可能永远也实现不了，这没关系。我不会再烦扰自己让自己变得更有条理，写更多的信，花更多时间给孩子们烤面包，诸如此类的事情。我不完美，我甚至没有实现40岁应该有的样子，但是我很满足。不知怎会的，40岁的到来，似乎让我觉得我可以放弃挣扎了，只要享受生活就可以了。”

这就是自爱。

爱他人

如果把爱当作一个连续体的话，左边可能是贪婪、自私、虐待他人、完全缺乏爱；右边可能是得道的圣人，为减轻他人的痛苦奉献终生，也可能是我朋友这样的人，给沿街乞讨的人一块钱，或者是每天鼓励、支持学生的老师。

精神力要求我们尽我们所能地一点点靠近右边，培养我们爱的能力。

学会爱是一项挑战，也许有人会说，如果社会教导人们去生产、获取、积累和消费，那么这个社会就会系统地、蓄意地摧毁人们的爱的能力，他们还说无限制地追求增长和利润就会妨碍爱。

但爱是精神上的选择。

爱需要什么

每个人表达爱的方式是不一样的。不可能所有人都去照顾患者，都去收容所做义工，关键是要用尽可能多的爱去完成生活对你的要求。

对于不得不做出的每个决定，我们总是问：“爱需要什么？”在这个复杂的世界中，答案可能并不总是那么清晰。但可以肯定的是，我们可以排除很多不友爱的选择。

对于“爱需要什么”这一问题，本书中的爱的行动已经提供了一些答案。这个问题不是我们常常会问的，但却是精神生活对我们的要求。

爱不仅仅是善良，还是真诚的表现。人的纯真本质就是爱。只有当人们抛弃真实的自我，转而越来越适应社会的自我时，我们才会以不爱的方式行事。

从沉睡到觉悟

大多数人对自己仍然一无所知，这是因为了解自己会带来痛苦，而我们更喜欢错觉产生的快乐。

——奥尔德斯·赫胥黎

觉悟，或称意识，是用来实现精神力前三个方面（联系、真实性和爱）的方式。仅仅过好自己的生活是不够的。作为精神上的人，你要承诺自己去体验生活，反思生活，并成为你自己存在中的积极行动者。

变得有觉悟，就像攀登一座永远难以捉摸的山峰。每攀登一点儿，你都觉得自己看到了那里的一切。之后，有股力量会推着你攀登到更高的地方，当你到达新的高峰时，你会明白自己之前的视野多么有限。你永远不可能知道在你之上的山上有什么，但在你之下的一切你都知道。只要还在“山腰”上，你就可能仍然生活在幻想或误解中，而且世界观也会受到限制。

要提高觉悟或者拓宽视野的话，所面临的挑战是，你可能都不知道自己哪里的思维或体验新事物的能力受到了限制。或者，尽管知道哪里受限了，但你还是喜欢你现在所处的位置，想要留在那里。因为继续攀登是有风险的。谁知道哪些令人舒适的观景点会受到威胁，哪些古老的真理会被粉碎呢？

朝着充满觉悟的巅峰攀登，就会了解得更多，不仅是关于真实世界的，也是关于你自己的。精神上的巅峰，即最终目标是对自己、对其他人、对万事万物都有准确的认知。大多数普通人从未到达过顶峰，但我们可以从那些到达过巅峰的精神导师那里学习。

每个人觉悟提升的经历都不同。然而，大致包括两部分：接受有关自身的新信息；集中注意力关注新信息。

但仅仅有了新信息是不够的，还要进行反思和整合。

获得新信息

要获得有关自身的新信息，有无数种方法。例如：写日记，与朋友交谈，记下梦境，冥想，参加有关精神成长或个人成长的课程或小组，咨询精神导师或治疗师等。有时，你会通过刻意的努力去获得新的信息或见解，但通常，它们来自意外发现或巧合。

在本书中，我们专注的是关系，并将其作为新信息的来源。当然，这不是唯一的来源，但却是很好的来源，因为关系已经成为个人生活中不可分割的一部分。

集中精力

在奥尔德斯·赫胥黎的乌托邦岛上，喜鹊一直在四处飞来飞去，不断叫着："注意！注意！注意！"我们脑海中应当也有这样的喜鹊，因为集中注意力是提高自我意识的第二个必要阶段。但仅仅获得新信息是不行的，还需要进行反思和整合。

注意以下问题：现在你的心里是否有一些你没有意识到的情绪？刚刚对伴侣说了那番话后，你内心是什么感觉？不这么说的话，你还会说什么？你是在实施关系方面的抉择，还是只是在重复一些例行公事？你现在做的事是你最想做的事吗？最近你对自己有新的认识吗？

关注自己可能会给你带来改变你一生的新信息。精神伴侣关系互助小组中，有一位名叫芭比的女性，别人经常说她话太多了，而且爱打断别人。收到这样的反馈，她总是很震惊，但她并不觉得自己冒犯了别人。芭比的反应是有意克制自己的行为，但她很生气。当加入下一组时，她决定把嘴闭起来，但通常只能维持半个小时左右，因为她会变得不满。此外，她在谈话中也有一些重要的贡献。

我建议芭比不要费心改变自己的行为，而是开始关注自己。最开始，一切都没变。但是后来，芭比和我们说："这周我发现自己确实在打断别人！我很惊讶。你知道吗？我觉得这么做不太好。"之后，随着越来越关注自己在谈话中的感受，芭比看到了别人一直试图告诉她的事情。

更重要的是，芭比开始体会到更安静的感觉，她不再每次都发表自己的评论。令她吃惊的是，有时她会感到非常伤心，甚至会流泪。当探究眼泪是怎么回事时，她发现自己害怕被忽略，内心深处有一种深深的恐惧。这种恐惧给芭比带来了巨大的痛苦，她不停地哭泣着。事实证明，小时候的她确实觉得自己在家里是被忽视的。对她来说，重温旧日的痛苦是很难的。但是，愿意体会这种痛苦能够让她重新认识恐惧，明白自己的痛苦是原来就有的，她也不再需要继续生活在恐惧之中了。

心理学家卡尔·荣格说，神经官能症是为了替代真实的痛苦。芭比的神经官能症即打断他人的谈话，就是为了代替她感觉自己被忽视所带来的真正痛苦。只有体会到了真正的痛苦，你才会停止逃避。

随着时间的推移，芭比一直在注意谈话中的自己。最后，她发现自己可以表现恰当，让他人说话，而她自己只是偶尔附上一句评论。现在，她觉得自己比以前更受人关注、更被接纳和更讨人喜欢了。

很容易看出，芭比强制性打断他人是她自己培养出的性格特征，为的是保护自己，不再体会被忽视的痛苦。打断别人已经成了她的习惯，以至于她自己都没注意到这一点。讽刺的是，通常情况下，她的习惯性行为加剧了她希望被解决的问题的严重性。但是，这一习惯能让她隐藏起不让周围人看见的那可怕的痛苦。就这样，她对自己和他人都隐瞒了很多年。选择摆脱这恼人的习惯时，她感觉自己仍然被接受了，她认为探究真实自我给她带来了极大的欢愉。芭比“提升了觉悟”，这是精神成长的一个重要方面。

注意：芭比发现真实性的精神之旅也使她走向了联系，对我们的关系亦是如此。这就是为什么精神伴侣关系比沟通和解决问题这些“传统模式”能更有效地治愈爱的创伤。

这里要注意的重点是，整个发现以及攀爬觉悟之峰的过程的开始，仅仅是因为芭比开始密切关注自己了，特别是他人反馈的她太爱打断别人这一“信息”。她先接受了这一信息，然后再注意这一问题。

实验 22　集中注意力

就当作是个实验，从中找出自己性格中的某个特点，或者习惯。比如：你会夸大其词吗？你是喜欢给别人提建议的人吗？你会纠正或反驳他人吗？你是安静的、付出的、控制的、被动的、害羞的、健谈的、挑剔的或者有趣的人吗？你会取笑他人吗？

现在，不要做任何事去改变这一点，但是要开始注意这一特征或习惯。只要看到自己表现出这一特征，就注意观察这段时间会发生什么就好。

或许，将“精神力”归结为集中注意力这一点并不过分。集中注意力是一种能让你意识到自己孤独的方式；让你发现真实的自己是什么样的；让你发现什么是保护性、习惯性的行为；让你发现深深埋藏在心底的“旧痛”的方式。这是你学习的方式，毕竟，最终你要爱上真实的自己，而不仅仅是乔装的、外在的自己。

观察者自我

我们或许可以把集中注意力这一能力称为“观察者自我”。就好像人身上有一个部分总能从生活中抽离出来，看着戏剧上演。那么，现在的你就可以分为两部分：一部分的你陷入困境中，例如一场争吵，奋力为自己的观点辩护，热衷于自身事业，完全沉浸在当下；另一部分的你则能从这小小的剧场中抽身出来，看着自己争吵。

“我确实对这很感兴趣”，那个观察者自我可能会这么想。或者，“我刚才说的不太准确。”

当观察者自我活跃起来，也就是人变得有觉悟时，就可以对自己正在做的事情做出选择。相反，如果完全沉浸于自己，人就会顺其自然地完成事情，没有远大思量，对自身行为的后果或对他人产生的影响都没有感觉，也不会明白自己为什么那么做，对自身行为如何适应人生更大的场景毫无意识。

当你开始培养观察者自我时，首先会遇到的一个障碍就是看不到你没有意识到的东西。这会令人受挫，但没关系。重要的是，你知道自己有一些没意识到的事，你打开了自己的可能性之门。正如临床心理学家约翰·威尔伍德所说：“我对迷失、困惑或停滞不前的意识本身从未迷失、困惑或停滞不前。”能意识到自己迷茫了，就说明你已经没那么迷茫了。你已经步入正轨了，只要坚持下去就好。保持关注。

信念

关注自己的信念很重要，因为信念会影响生活中的一切，而且眨眼间信念可能就变了。

安妮告诉我一件了不起的事。她的姐姐维姬是一名很活跃的州参议员，在社区里很有名，而且非常聪明、非常成功。安妮是一位花匠，能拥有自己喜欢的工作，她感到很幸运。安妮爱维姬，她们相处得很好，但安妮总是觉得自己不如姐姐，因为维姬光芒四射、精力旺盛、事业有成。事情就是这样的。

有一天，在一次闲聊中，一个朋友对安妮说："你有没有想过你可能和你姐姐一样聪明呢？"

这句话令安妮大吃一惊。事实上，她从没这么想过，全家人也一直理所当然地认为姐姐最聪明。突然间，安妮意识到自己可以改变这一观念，接受新的观念：我和姐姐一样聪明。这件事就像人生中的一场地震。于是，她开始寻找大量的证据来支撑这一新观念，她的个人形象获得了极大的提升。

除了信念，她什么都没有改变！

信念是有限的。有限制的信念是人生中决定停止成长的一点，至少暂时是这样的。有信念是很自然也很重要的事。但是开放地提升觉悟，意味着在听到一些让你打破目前所信仰的事时，你要重新审视自己的信念。

信念可能会产生重大影响。在接触那些正在寻找爱情的单身男女时，我经常让他们认清自我限制的信念。他们会说：

- 我没办法成为自己想成为的人，也不能拥有一段关系。
- 我从一段关系中得到的，与我不得不放弃的是不相称的。
- 好男人真的很少，要找适合我的，机会就更渺茫了。

这些单身人士的经历与一位女士告诉我的事截然不同，她说：

> 我觉得自己肯定会脱单的，最终肯定会找到一个很棒的男人。而且我深切地相信自己可以和他有一段美好的婚姻。

我们的行为方式总是与我们的信念相一致。因而，相信自己可以找到爱的女性实际上比那些觉得爱遥不可及的人更有可能找到爱。因为这些人会把一切都看作是证据来证明自己所相信的事是对的。如果能改变信念的话，人们就会找到大量证据来反驳其对立面。信念很大程度上影响了一个人看待世界的方式。

那么，支配你的人生信念是什么？信念是提升还是限制了你的人生？这些信念是属于受制人格的一面，还是来自内心深处的真实自我？

当你集中注意力观察时，那些你认为理所当然的信念可能会浮出水面，而且需要重新审视。

抗拒

我们大多数人都抗拒提升自己的意识。就像没有人想听伽利略说太阳并没有绕着地球转一样，人们也不想被告知自己在山上的位置并非那么好。

抗拒是精神之旅中一个正常且常见的部分。应对的秘诀是把你自身的抗拒看作是锻炼注意力的另一个机会。从现在开始注意你自己的抵触情绪，这就是你要做的全部事情。艾伦·卢很好地诠释了这一点：

> 正念的产生不是靠暴力对待意识，不是靠武力，也不是通过试图控制意识，而是一种定向的同情，一种对我们意识的软化，一种对我们生活的爱的拥抱，一种温柔的顺其自然。

同情与觉悟

如果把精神力理解为攀登意识之山，每一步都能让人更准确地观察世界，同时让自己变得更真实、联系更紧密，那么恶的问题就很容易理解了。

恶并非独立存在的力量，恶只是无知，缺乏觉悟。“恶的人”生活在山脚下，意识有限，视野狭小。他们一点儿都没运用过关注自我这一能力。他们完全认同自己的保护性习惯，非常努力地远离内心的痛苦。他们恶的行为是他们的外在自我、神经官能症，是他们用来抵御疼痛和应对环境的一种行为。

因而，对待恶，具有精神力的人的反应应该是同情而非仇恨。仇恨和愤怒会导致人与人之间的疏远，而非联系。当你感到憎恨或愤怒时，你就是在削弱自己，让习惯性的感觉战胜精神上的谅解和同情。而且这样做并不会对你讨厌的那个人产生任何影响。如果陷入愤怒或憎恨的情绪之中，你就无法帮他人拓展有限的视野了。若你没有同情之心，你就会变成你所憎恶的人，成为没有觉悟的、按习惯行事的“恶的人”，并且加入这些人的行列，生活在山脚下。

当你想到婚姻中的不满时，你可能不会认为伴侣是“恶的人”，但还是会生气，甚至憎恨。如果能用同情的眼光看待伴侣，认为他/她在这种情况下已经尽了最大努力的话，你的觉悟就提升了，并朝着联系前进。

仇恨、愤怒、嫉妒和伤害都栖息在意识之山的同一位置。如果能关注这些情绪，明白自己的感受及结果的话，你就能慢慢战胜这些情绪，提升觉悟，从而用同情代替这些情绪。

从控制到顺应

不要试图把自己的意志强加给世界；相反，要学会接受，因为人生不会像你计划或期望的那样进行。

正如哈罗德·库什纳所说的那样，坏事也会降临到好人头上。不要找原因，而是看看随机发生的事件教会了你什么。信仰善报这一巨大能量的人认为，亘古绵延，你现在所做的事，会反映在未来的你身上，过去做过的事正反映在现在的我们身上。有些人把整个世界看作是一所庞大的精神院校，这里所发生的一切都应当被视为是需要学习的特殊一课。

但这些世界观都是殊途同归的，即释怀、放手。坦然面对正在发生的事，而不是你认为应该发生或者希望发生的事。不要试图控制河流，而要随它而动。

放手

放手并不意味着不再渴望你想要的东西，或者不再有任何目标或欲望，而是意味着不再为实现这些目标或愿望而焦虑。就算没有实现，内心的平静也不会被破坏。这也意味着你要竭尽所能去获得你想要的，并且依旧相信上天所给予的一切都是可接受的。

加州大学曾经有一份非常吸引人的工作，而我也进入了决选名单。当校方选择别人时，我很受打击。但现在我明白了，如果得到了那份工作，现在的我可能永远也不会写书。如果我当时能多一些信任，多一些让步，少执着于强烈欲望的话，我就能避免遭受很多痛苦。

当然，生活中有些事情比这更难接受，有些事情则非常难以接受。

但是精神力不只是针对简单的事情。

放手是一种深深的信任，即使没有你的干预，事情也会解决。这一观念认为试图强迫其他人或事情按照自己的模式来进行，会给自己带来压力，疯狂地执着于特定的结果会令人痛苦，而且无论如何世界还是会继续向前。人无助是因为自己；只有向自然节奏以及真实生活让步，你才会强大起来。你可以利用现实中的力量促使事情发生，但不必靠自己让所有事情都发生。让步是可以练习的，但当你与真实自我相联系时，让步也会自然而然地出现。当你的自爱如同巨大的红杉树一样坚韧时，剧烈的狂风、暴雨，甚至地震都无法摧毁你。焦虑和控制行为是内在力量的替代品。

想想生活中的沮丧、失败以及未实现的目标，你自然会感到悲伤、忧郁和生气。但是精神上的进步就是要培养继续前进的能力，这样失落感就不会摧毁你，反而会让你更强大。

茱莉亚·伯特弗莱·希尔是一位很棒的女士，她曾经把一棵古老的红杉树从斧头下救出来，在树上住了两年。她讲述被狂风暴雨所困的经历时说道："我非常想继续活下去，所以我的牙齿、下巴、肌肉乃至身体里的一切都绷得紧紧的。"

然后，她说，那棵树对她说："茱莉亚，想想暴风雨中的树吧。"

> 当我开始想象暴风雨中的树时，答案开始显现。那些树不会试图笔直、高大、挺拔地站在那里，它们允许自己弯曲，被风吹走。它们懂得放手的力量。

从不安定到内心平静

精神生活的结果是幸福。

越能认识到与世间万物本质的统一性，越接近真实自我，你爱的越多，觉悟越高，就越能顺应潮流，你就会越快乐。

你会带着目标和激情，靠内在力量继续生活；你会明白自己最擅长的是什么，也会知道该怎么做;你会对生活充满热情，你会爱上优秀的人，并且被对方所爱。无论前方有什么等着你，你都会很感激地接受，即使这不是自己想要的。因为你对自己怀有同情和爱，对别人也一样；你会怀着慷慨和善意，帮助和支持他人。

关系可以带来快乐。特别是当你学会践行精神伴侣关系的时候，你能为你所处的每一段关系和每一个团体带来爱和积极向上的能量，你会接受各种各样的人及其行为。因为你知道如何以精神上的方式处理矛盾，人们会欢迎你的领导和影响。你不会再试图控制世界，所做之事都是出于内心深处的信任，你会满怀感恩。

当然，你不会一直都是这个感觉。

精神之旅就像一把调好的小提琴。琴弦紧绷，充满活力，但是可以演奏出各类歌曲：悲伤的，充满活力的，充满激情的，忧郁的，积极的，温和的或者静谧的。你可能会发现自己极度失望、嫉妒、优柔寡断或悲伤，也可能感觉沮丧或孤独。但是，精神上的能力培养得越好，就越能在这些经历中应对自如。

不要抗拒这些感觉。不要想“作为精神上的人，我不应该有这种感觉”，而要想“作为精神上的人，我要接受我现在的感觉，这对我来说是真实的。

这很痛苦，但我要顺其自然，在努力中顺其自然。我要看看能从这次经历中学到什么。我乐意接受，也会集中注意力观察的。”

精神力意味着你要尽可能多地做正确的事。这有点儿像养儿育女。你可能会学到很好的育儿技巧，比如不要反驳孩子，而是倾听他们的话。但是，到了那个时候，你还是会发现自己在和孩子争论！之后又会说：“用倾听的方法可能处理得更好。”

精神力亦是如此。你知道正确的方向，也践行需要的训练，还需要把每一次挑战都看作学习的机会，但你不可能每次都做到完美。

完美不会让你快乐，但精神之路会让你快乐。

实验 23　你的精神力

在日记中回答以下问题，或者与伴侣或朋友讨论。

1. 你认同本章所描述的精神力的六个部分吗？要构建自己的理解，你有什么补充、删减或修正的地方？

2. 对你来说，六个部分中，哪一个或两个是最大的挑战？你觉得自己现在在精神上要集中在什么地方？

第十五章

精神伴侣关系的前景

把你们的关系当作是一次精神之旅，同时提升内心世界和个人关系，特别是靠自己来“处理”关系的想法对大多数人来说是全新的，甚至是难以想象的。

当然，不把沟通作为解决矛盾的方式，以及直接获得你所追求的幸福和快乐是大部分人意想不到的想法。

经常有人问我是怎么想出这种应对夫妻关系的创新方式的，如何适应现在正在发生的其他事情，以及这种方式是否会流行起来等问题。本章就是我对这些问题的回答。

“精神伴侣关系”的发展

在过去二十多年里，我人生中三根不同的线交织在一起，构成了我现在称为“精神伴侣关系”的织锦，这三根“线”分别是：我的婚姻、我在伴侣关系方面的心理咨询工作以及我的精神之旅。

在我和迈耶开始交往的早些时候，我觉得我们之间有一点儿分歧。但由于某些难以捉摸的因素，我们不允许这些差异挡在我们的关系之间，在我看来其他夫妻不是这么做的，但是这并不是说我们比其他夫妻矛盾更少、相处更融洽，也不是说我们更爱对方，或者我们有更好的沟通技巧或更多对的解决方法。但是很快问题解决了。对我们来说，我们对彼此的爱几乎一直都很明确，从未隐藏。

为了探究那些难以捉摸的因素，我写了第二本书《婚姻需要经营：幸福的真谛》。我采访了其他幸福的夫妻们，想看看能否找出幸福的夫妇普遍共有的因素。这并不难：幸福的夫妻都怀着善意来处理关系，会站在对方的角度，把彼此当作盟友而非对手；他们会向彼此敞开心扉；他们之间的善意代替了分歧。这一品质在那些相处不好的夫妻身上是明显缺失的。

观察夫妻之间的这种善意时，我发现这一点通常与其他特征相一致：幸福的夫妻在一起几乎没有矛盾。他们想要快乐地待在一起；并且相信可以快乐地在一起（这很关键，因为大多数夫妻普遍对婚姻抱有消极态度，不相信有真正的幸福）；他们承诺要幸福地生活在一起；而且他们会有意花时间待在一起；对生活充满乐观和冒险精神；具有长远眼光；而且会注重生理上的爱抚和性快感。

传授幸福伴侣的“基本品质”

我很意外地意识到：传统的有关夫妻关系的工作根本没有教过这些基本品质，反而是让那些夫妻审视自己的问题。夫妻策略的制订者大部分是心理学家，他们接受的训练以及他们的兴趣都是夫妻关系的病理学而非健康关系。他们把所有的时间都花在那些正经历极度不满的夫妻身上，然后写一些书讲述他们是如何帮助这些人的。我觉得这一方式或许存在偏颇。如果从幸福的夫妻身上而非不幸的夫妻身上学习，我们会不会想出截然不同的策略呢？

所以，我开始为那些有意回避问题的夫妻举办研讨会，教他们如何快乐地生活在一起。

结果很意外。接下来，请听一听研讨会的一位成员琼在接受了电台脱口秀节目的采访时说的话：

> 我们之间的问题是钱，也一直在争吵。我们所接受的治疗似乎使我们更深入地了解自己在这件事上的立场。那就是谁也改不了，心情都很绝望。
>
> 苏珊让我们三周内不讨论钱。开始时，我们计划了每周举办三次活动，这样就可以一起度过快乐时光了。而且这些活动所花的钱必须让我们都感觉舒服才行。我们还想到了很多免费和低成本的事情，例如远足、看电影、放风筝、玩飞盘、散步、参加手工艺展、开车去乡间。在这些事情上，我们比平时花的时间要多一些，因为在那段时间我们优先考虑的事就是这段关系。
>
> 在那三周的时间里，我们比以往任何时候都快乐。我们不想放

弃快乐。然后，苏珊教我们什么是善意，现在我们也会经常用到，这对我们的关系产生了很大的影响。

钱？哦，我们都不再坚持自己是“对的”了。我花更多的钱，但不再总是征求伴侣同意了。他不再管我的闲事了，我也尊重他的底线。就像现在，我已经决定放弃在后院建喷泉的想法了，因为这件事超过了他的底线。但我认为我们都知道我们最终还是会建一个的。既然我们已经学会如何解决问题了，那就不再会为问题而争吵，我们会把问题放到一边，总有办法的。

争论对错以及保持公平都是愚蠢的：当实现这些目标时，其他的你什么都得不到，爱、温暖和乐趣都没有。

提供精神指导

我知道，我教导伴侣们要快乐、要靠自己而非共同之力改善不满等这些都是精神上的。但是，当通过阅读来佐证这一观点时，我发现大多数精神传统并未给亲密夫妻提供具体的指导。对此我越发失望。

在一段爱情中，“精神力”究竟该如何表现？

如果你是精神践行者，精神实践到底是如何影响你们的关系的？

我强烈地需要为自己找到答案，而这本书就是结果。它提出了一种观点：纯粹的心理学方法在处理人际关系方面已经达到了极限，仅靠强调病理学的心理学根本无法让我们走得更远。我们必须转向精神层面去发掘新觉悟，以扩大两个相爱的人可以一起经历的范围。

“正确关系”还是“精神伴侣关系”

在教导夫妻如何做到把精神准则而非公平和平等作为指导的这些年里，我都没找到描述这种截然不同方法的术语。有一天，我“顿悟”过来，想到了“正确关系”一词。我觉得很完美！“正确关系”也就是以一种支持他人，不伤害、不利用他人的方式来处理一段关系。所以所问的问题总是“我如何按照正确关系来行事”，而不是“如何让我的需求得到满足”，或者“如何才能让别人明白我的意思或者我想要什么”。

虽然为写这本书我构思了很多年，关于书名也想了许多，但是当我读到加里·朱卡夫的一段话时，我发现这本书的书名开始明晰起来：

> 典型婚姻的原型将不再起作用，它正被一个旨在帮助精神成长的新原型所取代，这就是精神或神圣伴侣关系的原型。

朱卡夫说精神伴侣对彼此做出神圣的承诺，“助力彼此的精神成长”。这似乎完全符合我的哲学观！

有趣的是，斯科特·派克在《少有人走的路》中就已经给出过几乎完全相同的爱的定义。派克说：“爱是一种为了鼓励自身或他人的精神成长而提升自我的意志。”很多人一直在努力这么做，根本没意识到自己正在参与创造迎合精神时代的新原型。我希望本书中一些具体的指导能为这新兴的模式注入新生，让更多夫妻成为“精神伴侣”。

精神伴侣关系的未来

准备好接受某个想法时，通常这个想法会在同一时间以各种独立信源显现。

当我建议夫妻停止沟通，开始友善对待彼此时，我从没听过有人用过这种方法。此后，我开始了组织创新夫妻小组，并且坚持每对夫妻只能一人参加。据我所知，除了我培训过的心理医生外，没有其他心理学家用过这一方法。然而，有趣的是，据其他心理学家的最新研究，很多夫妻的行为虽不像精神伴侣关系和爱的行动那样具体，但与这些概念相互印证，朝着同样对的方向发展。

约翰·戈特曼在实验室环境下对夫妻进行研究，他认为，“成功解决矛盾并非婚姻成功的原因”，如果“夫妻培养仰慕和喜爱”并“互相倾慕而非疏远”的话就能做得更好。这些恰恰是精神层面的夫妻关系策略。

当夫妻双方努力接受对方而不是试图改变对方时，就能相处得更好。这也是精神伴侣关系的一个重要准则。

心理学家菲利普·麦格劳避开“传统的夫妻关系治疗的说辞”，坚持认为“如果不先与自己重建联系，就无法也不会与伴侣重建联系”。他说，必须“纠正伴侣”的想法是不对的。这些想法，以及所传达的信息，都是对传统夫妻关系的根本转变，是精神伴侣关系的核心。

托马斯·穆尔的观点我们之前也讨论过，他说：“我坚信思维上的细微变化对生活的影响，要大于努力改变所带来的影响。”这一说法令人震惊，尤其是考虑到心理学家最近几十年都在为改善沟通和改变而制订详尽策略，不过这一说法正是精神伴侣关系背后的哲学。

内在的转变、心理的改变、新的理解，即使只是发生在伴侣中的一方身上，都会对双方以及这段关系产生影响，而且比任何沟通或改变所带来的影响更大。这是一个新想法，而现在正是最好的时机。我猜这一观念很快就会渗透到关系治疗中，成为我们似乎一直都知道的显而易见的想法。然而，就像我现在写的，这仍然是一个新颖的方法，就在夫妻关系工作的前沿。直至今日，大多数处理关系问题的策略依旧旨在沟通和说服一方改变。

正如我们所看到的，精神伴侣关系并不意味着关系中不会或不该出现改变；只是改变的发生更可能是因为思维的转变而不是为了实现改变而做出的努力。用爱的行动创造有爱和接纳的氛围，才最有可能得到你想要的结果。

毫无疑问，无论是在个人还是集体生活中，我们都正在进入精神价值变得日益重要的时代。紧跟这一现实，我们必须改变处理人际关系的方式。新型精神伴侣关系的出现可能并非巧合，而是一个具有象征意义的复兴、再生的机会。

精神伴侣关系的更广泛内涵

当践行精神伴侣关系时，你会发现它会渗透到生活的方方面面。通过在关系中进行精神实践，渐渐接近更高层次的自我，你和伴侣都将不再满足于只让彼此感受到激情，而是觉得必须与周围的人分享。你们将花时间面对面、肩并肩地一起看世界，寻找激情，共同进行精神实践，也可以最大化地造福他人。

精神关系就像蓄水池，受到爱、互相支持、善意和同情的小溪滋养。蓄水池满了就会溢出来，提供给需要的人。如果代表爱的河流只关注自己，它很快就会干涸。精神伴侣关系的本质在于它会扩展、成长、溢出和冲出，就像一条奔腾不息的河流，注入周围的世界，让所有与之接触的事物都充满活力。精神伴侣之间的和平和幸福，并不是他们自己独自拥有的。

当你和伴侣练习精神伴侣关系时，你所采取的爱的行为可能会改变你人生中的每一段关系。你会发现自己在“假装”一切正常，在克制，在放弃“解决问题”，在用善意对待他人，无论对方是你的孩子、家人、朋友、同事或者工作中接触到的人，还是慈善活动中的人。

所以，当你在家里、朋友中或工作中尝试精神伴侣关系和爱的行动时，请把每个爱的行动当作是大动作中的一小部分，逐渐使我们的家或整个世界充满爱。

愿您和您的精神伴侣，愿所有人都成为真实、有爱、有觉悟的灵魂，从而帮助世上所有人走向联系，摆脱分离。